法源血源

聖嚴法師◎著

自序

我這次回大陸訪問，是臨時決定的，故未準備寫書。進入大陸的十九天中，沒有作手記和日記，更沒有計畫蒐集寫作資料。抱著看看我家鄉和幾處佛教古道場的心情，到了北京、洛陽、西安、上海等四個地區，沒有像一般佛教徒朝拜四大名山和佛教名勝的心理準備，去看眾所周知的道場。

記得三祖僧璨〈信心銘〉說「一切不留，無可記憶」；洞山良价禪師也曾說：心如「鳥道」，一個學佛參禪的人，應當心如空中鳥跡，心中不留任何痕跡，時時如萬里無雲的虛空般，不論到哪裡，做了什麼、說了什麼、見了什麼、聽了什麼，都已是過眼雲煙，心中再也不必留下一絲牽掛。可是我很慚愧，當我結束探親訪問的日程，回到僑居地紐約之後，不論白天或夢寢中，十九天的訪問過程，久久縈繞，揮之不去。所以不得已而執筆為文，本來只想寫幾千字，略抒胸中塊壘，想不到開始寫作之後，竟然欲罷不能，在數日之間，成稿盈篋，而完成了這本日記式的小書。究竟寫了什麼？想了什麼？請讀者諸君與我同遊吧！

一九八八年七月一日序於美國紐約東初禪寺

目錄

一、前言

正值「文化大革命」期間（西元一九六六——一九七六年），好友印海法師寄給我一小塊剪報，使我知道我童年出家的道場——江蘇南通狼山的廣教寺，已毀於紅衛兵，甚至把該寺的聖像抬下山去，在城裡遊街之後，搗爛燒毀。當時，在毛澤東親自主持的所謂「破四舊」——破除舊道德、舊風俗、舊思想、舊習慣的瘋狂運動中，凡是舊的，一律遭受史無前例的大破壞，佛教的僧侶生活、寺院、經像、法物，無不徹底摧毀。狼山事件，僅是巨濤狂飆中的一漚一拂而已，聞之欲哭無淚，哭又奈何！

一九八三年，我在紐約接到已旅居美國加州的印海法師打來的電話，說他已回大陸一趟，並且專程上了南通的狼山，見到了我在上海靜安寺讀書時代的教務主任育枚老法師，育老擔任了狼山廣教寺的住持，託印海法師帶信，盼我回去看看，並謂我狼山的師祖貫通老人、剃度師蓮塘老人，仍在人世。

二、俗家姪兒的來信

到了一九八五年二月，我又收到俗家大姪兒張裕生的來信，敘述我俗家人事，在這三十多年之中的變遷，以及狼山的消息，文字順暢而感人至深，現略予潤色，抄摘如下：

尊敬的叔父大人，您好！

頃接南通新港鎮嚴老託信，欣悉您尚健在，我們全家不勝驚喜，竟夜難寐，翌日我即赴南通狼山廣教寺育枚老方丈處，查詢您於一九八三年十一月五日由美國紐約寄給貫通、蓮塘二位老法師的信件，證實您不但尚健於人世，而且獲得了文學博士學位。……如此的成就，若無臥薪嘗膽之精神，不經千辛萬苦之努力，何以能成，我的父輩們，為您高興，也為您潸然淚落。四十年了，誰無恍如隔世之感；幾十年間，各各道路坎坷，經歷多磨，況音訊杳然，甘苦無可奉告，想來愈覺淒然。

下面，我將父輩及我等之情況，簡報如下：祖父張選才，一生勞碌，不幸於一九六八年春，患上骨髓癌，經南通、上海等地，多方求治，終於藥石罔效，逝於同年八月十四日，享年八十三歲（這次回鄉，大姊夫告知，父亡於一九六九年六月二十三日，世壽八十一，頗有出入），慈祥的祖父在世時，與我等經常講起您因何出家，又是怎樣地聰明。一九五四年，祖父住的小岸上的三間茅屋遭回祿，他老人家別的不搶，只搶您留下的二箱子書，結果因門狹箱大，終未搬出，他自己卻被燒得滿頭水泡，數月乃癒。小岸上房子化為灰燼後，老伯、三伯和我父親另替祖父造屋於我們同宅。一九六八年八月，祖父在彌留之際，仍不住地叨念：「不知保康在不在了，保康哪裡去了？」現在好了，我們可以告慰祖父的在天之靈，他的小兒子安然無恙。

……。

我們的生活條件，數老伯稍差外，都可以。……。

……。

昨天去南通，見到今日之狼山，古貌依然，香火之盛，勝於當年。貫通法師已於一九八四年二月二十九日圓寂，蓮塘老人終因年老，二耳重聽，已不管佛事。狼山現有育枚方丈當家，自覺法師輔助。……。

我上山見到諸位法師，自報家門後，他們都極為高興說，狼山上想不到出了一個人物，不勝光榮，他們要我向您投書致意，熱切盼望在遷化之前能見您一面。他們說原本想給您覆信，無奈老人們餘悸在心，裝聾作啞；年餘來因感到較寬心，故懷舊之心愈熾愈切。我乃是您出家三年後出生的，相逢應不相識的姪兒。今年虛度三十九歲，因我在張氏小輩中排行最大，且粗知文字，故給您寫信的任務，就落到了我的身上。……。

最後，父親他們重複要我寫明，要求您回來一次，他們說能見您一下，也是此生最大的滿足了。……。

小姪　張裕生拜上

一九八五、二、十二

信甚長，僅摘其三分之一。信中所提「新港鎮」的「嚴老」，我不知其為何人，大概他與狼山及我俗家都有往來。所謂「四十年了」，因我是一九四四年離俗，至一九八五年，已經四十一年。自一九四九年春離開大陸時算起，也有三十六個年頭了。我父肖牛，今（一九八八）年一百冥壽，生於前清光緒十五年己丑歲（西元一八八九年），信中說他逝於一九六八年，享年八十三歲，是不正確的，如果真是那年去世，應該只有虛齡八十歲。若照我大姊夫黃瑞琛這一次向我面告，先父亡於一九六九年，世壽八十一，則與先父的生年相應。至於先父在其茅屋遭到回祿時，什麼都不搶救，只搶救我留在家鄉的二箱子書的事，這在我寫《歸程》第七章中，也曾提過：「我把較為重要的書籍，送到我在（上海市）曹家渡的俗家哥哥處去。」後來，哥哥還鄉，便把它們交給了父親。最使我懷念和珍惜的，倒不是書，而是我父母及我的若干張照片，也在那隻木箱之中，現在是再也不會重現了！特別是母親的相片，在大動亂之後，俗家親人，誰也未能留得一張。

「保康」是我的乳名，「志德」是少年時代的學名，到狼山出家後，師父為我取法名為「常進」，隨軍離開大陸時，則又更名為「採薇」，三十歲時再度出家，另由東初老人為我取法名為「聖嚴」。在我的生命史上，已經歷四番生死，而先父仍只記得我的乳名。先父亡於大陸正在天翻地覆的所謂文革時代，嗣後我的三哥來信，說先父是由於病痛無援，加上乏人照料，所以投繯自殺而死的！八十一歲的老人，雖有兒孫數十，竟無奉侍湯藥之人，所以念我名字，以求獲一些空洞的安慰罷！可惜我已出家，而且遠在海外，得悉實情之後，我除了自責未盡孝道，尚能埋怨誰呢？

至於信中敘述的狼山，雖說「香火之盛，勝於當年」，而貫老已去，蓮老年邁，育老他們那幾位老人，雖因當年受批鬥的「餘悸在心」，不敢給我覆信，卻「熱切盼望在遷化之前」能夠見我一面。我的幾位俗家哥哥也說，「能見您一下，也是此生最大的滿足」。這些話，都能使我心酸落淚。

此後，狼山的育枚長老，俗家的三個哥哥及一位大姊夫，陸續有信寄到我紐約的東初禪寺，並附來他們的近照，我只能從字裡行間，領會他們的心聲，也唯有從照片中，依稀彷彿地捕捉他們在四十年前的印象，似曾相識，又覺得非常陌生。

三、歸鄉夢

記得我在童年出家之後，就很少想到俗家，也更少回去俗家探親。然在一九四九年五月，隨軍撤離大陸而到臺灣之後的數年之中，卻經常在夢中驚醒，因我夢著自己，偷偷地回到了俗家，遠遠地見到了親人的身影，竟不敢走進家門，驀然被親人覷見，他們也不敢相認，並使眼色，示意我趕快逃走，我正想拔腳外溜，竟被守衛村里的軍隊逮一個正著，並且在一陣鑼響之中：「拿住一名國特，公審國特唷！」此起彼落，往往就在如此倉皇之時，我的夢也醒了。

那段日子裡，我也經常夢見回到了狼山，只見殿宇猶在而人事全非，上上下下都是穿著人民裝的俗人，一見到我，便知不是「好人」，而群呼：「捉拿奸細！」一或在奔逃之時，或在受審之際，就驚醒了。我的故鄉，我的祖庭，何以到了夢中，都變得如此恐怖了呢？

這次回鄉探親，竟證明了我的夢境不是虛構。當年有一位與我同時投軍到臺灣的靜安寺佛學院的同學，半年後又潛返大陸，結果以特務罪名，被判刑七年，以致直到現在，於上海某寺見到了我，還是不敢相認。我的俗家哥哥，以及我的佛學院時代的老師育枚，在一九四九年之後，曾一再受到調查，查問有關我的下落，如果知道我是到了臺灣，他們便會被歸入「黑五類」中，而受到長期的監視和批鬥。

目前的大陸，呼籲海外僑胞「認同」與「回歸」。從一九七九年起，對臺灣唱出「三通」和「四流」。臺灣也基於人道立場，自去（一九八七）年十一月起，准許臺灣的居民，回大陸探親。藉此因緣，我也如願以償地進入中國大陸，逗留了十九天，見到了我想見的佛教道場和俗家親人。

然而，由於彼此心中都還留有昔年的恐怖陰影，相聚仍不能暢所欲言，在親切中尚存有心理的障礙。「隔世為人」，猶不足以形容彼此的疏離感和陌生感，見到故國河山及故鄉親友，竟像已是多生以前的往事重現了。

四、三則回大陸的故事

這次能回大陸探親，因緣難能可貴。因我在臺北及紐約兩地，工作極為忙碌，且都預先排好日程，絕不可能臨時抽出十九天的時間，進入大陸探親。原已預定於四月中下旬間，應邀赴英國主持禪七，並應香港佛教青年會的邀請，經過香港，逗留一週，做數場演講。結果到英國駐紐約領事館辦簽證時，要我必須提出「回美證」（Permit to Reenter the United States），美國移民局則告訴我回美證的取得，需要一個月乃至三個月，因我無法久等，便取消了英國及香港之行的計畫，改成了大陸探親的安排。

當時我有位在家弟子于君方博士，她是美國新澤西州羅特格斯大學（Rutgers University）的宗教學教授，剛從大陸旅行回美，我就託她代我接洽安排行程、食宿及交通工具，以免進入大陸之後，成為無頭的蒼蠅。

因為我去大陸，固然是探親，最主要的目的也是想完成另外的三個心願：1.探訪中國佛教的源頭古蹟，2.重溫我少年出家時代的舊夢，3.巡禮先師東初老人的得法道場鎮江焦山定慧寺。于君方教授和另一位去過大陸幾次的李藍居士都說，如不經過事前的安排，我的行程、食宿、交通以及我要探訪的道場，勢將困難重重，處處麻煩，乃至寸步難行。在這之前，我也聽到了幾則故事，使我不得不預做綢繆。

（一）曾有一位韓戰歸來的戰士，在臺灣退伍後，即隨某老法師出家，他的祖籍是河南，不久前思鄉心切，經香港回到大陸老家探親後，便上河南鄭州嵩山少林寺掛單借住，結果被發現他是來自臺灣，竟無任何機構介紹，認為他有反動特務嫌疑，轟動當地，眾議處死。此事聞於北京的「佛教協會」，始以號召臺胞回歸為理由，把他接至北京，救了他一命。

（二）我有一位現居紐約的華僑在家弟子王君，去（一九八七）年秋回到大陸探親，雖也看了不少名勝古蹟，都只能浮光掠影，看到了山水、石窟及殿宇建築，而無法見到珍貴的文物庫藏，原因乃在他僅是一名普通的觀光客，未得任何有關單位的介紹。

（三）去冬有一位由臺灣返鄉探親的老先生，滿以為既有親人在大陸，返鄉後定可受到親人的照顧，並為他做嚮導，遊覽各地名勝。結果，由於同輩的親友，死的死了，老的老了，年輕的晚輩，包括姪輩及姪孫輩，總共百十來人，都願全程陪同，老的當然也不肯放棄伴遊的機會。如此一來，若僅選老人伴遊，他們都要被人照顧，若請年輕的晚輩陪同，又不知應該選誰，誰最可靠？最後這位返鄉的老人，就在稱為「賓館」的旅社內住了幾天，一籌莫展，只好提前離開大陸，回到了臺灣。

我已離開中國大陸三十九年，大陸的人事、地名、地貌也多有改變，大陸的同胞兄弟應該可信，但他們多已是七十多、八十多歲的老人，又是文盲，或者近於文盲的農夫及工人，還能指望他們替我安排我的住宿飲食以及我想去的佛教道場嗎？結果，我便給于、李兩位女居士，提出了預計的日程，以及我所想去的佛教道場名稱和想見的俗家親人姓名地址。

這樣的安排，的確得到不少便利，但在心理上也承受了相當大的壓力。

五、從香港到北京

我雖是旅美十多年的華僑，每年卻都有一半的時間在臺灣，所以也是中華民國的公民。當我決定要回大陸探親之後，便先回臺北，依照赴大陸探親的規定，向臺北紅十字會填送了一張「臺灣地區人民出境後轉往大陸探親登記表」，其收據字號是九四〇〇九五二八。而我在美國的弟子保羅．甘迺迪（Paul Kennedy）及其夫人吳果道，知我即將單槍匹馬進入大陸，好不放心。第一，因我近數年來的健康很差，唯恐我旅途無人照顧，發生事故。第二，也擔心我已是國際知名的中國法師，大陸如果以任何方式的任何藉口，不動聲色地把我留住，然後對海外宣稱，說是我自願留在大陸，那就糟了。若有一位美籍弟子及一位華僑弟子同行，既可隨身照顧，也能隨時與外界通消息。而在臺北的另一位弟子趙果曦居士，剛從美國禪中心跟我打完兩次禪七回國，也正好辦妥了返大陸探親的手續。所以一行四人，於四月九日，由香港啟德機場，搭乘中國民航一〇二班機，下午四點飛抵北京機場。

我們是四月八日下午七點乘國泰四五一班機自臺北起飛，同日下午八點五十分抵達香港，香港佛教圖書館暨佛教青年會的暢懷法師，率同其弟子黃麗容、高慶輝、許成彪等十多位居士駕車迎接。十點，把我們送到尖沙咀的帝后飯店。

四月九日，星期六。

上午八點，暢懷法師派高慶輝、李小姐、鍾太太駕車把我們從帝后飯店，接至九龍界限街一四四號三樓的中華佛教圖書館，見到旅居加拿大的性空法師也在那兒。據說也是昨晚抵港，也準備於兩天後，隨同新加坡的一個佛教團體進入大陸，朝禮四大名山。同進朝餐之後，十點即赴啟德機場，在車上順便瀏覽了一番香港九龍的街景，這是我初度到港，但並不覺新鮮。中午十二點前，辦妥登機手續，上了飛機，又等了一個多小時才起飛。聽說，中國民航的班機有兩項著名的特點：一是不論國內線或國際線，購票不容易；二是希望他們班機不誤點、不遲到也極不容易。下午四點，飛機降落北京機場，一出機門，就有兩位男士，對我笑臉相迎，說是「佛協」的人員，把我如入無人之境似地帶到貴賓室休息，除了帶我的隨行弟子代辦入境驗證手續，海關的檢查也免了。在進入休息室前，見到「佛協」的明暘、明哲、淨慧、能成等法師，以及周紹良等幾位居士，向我合掌歡迎。並告知我，第二天會見班禪，且由「佛協」公宴。此使我驚訝不已，不知他們要把我當作什麼樣的人物來接待了。

於是我立即聲明：「我與班禪活佛無關，他是現任人民代表大會的副主席之一，我僅一介比丘，只為探親回到大陸，所以也無理由接受佛協的公宴。」他們立即答應了我的要求。但又告訴我說：「國內對法師已很熟悉，至少已有三、四種法師的著作，被各家佛學院用作教科書。」

今日大陸佛教界的出版物奇缺，寫書的人更少，若干有心人士，近幾年來便將臺灣出版的佛書，略予刪削，改由簡體字刊行，我的《正信的佛教》，便是其中之一。另外如《戒律學綱要》、《印度佛教史》、《西藏佛教史》、《日韓佛教史略》、《禪門修證指要》、《禪門驪珠集》，皆已被採作各級佛學院的課本。

但是大陸的社會，一切皆以政治為主，當時的北京正在召開五年一次的「第七屆人大一次」及「第七屆政協一次」的會議，政治氣氛顯得特別強烈。我們被送到北京市的東方飯店之後，我便做了暫時關閉視聽的決定：在這十九天中，不看報紙、不看電視、不聽收音機；聽到政治宣傳，我裝聾；問起政治意見，我作啞。一定要我說，便說「我是來探親」，也只知道說戒、定、慧三無漏學，以及我在山中苦修、曾在日本苦學等的生活經驗。

六、長城與定陵

遊長城。

四月十日，星期日。

上午淨慧法師陪同遊長城，中午就在八達嶺下過午。下午遊明十三陵的定陵，是明末萬曆神宗皇帝的陵寢。這兩處都是古代皇帝用民脂民膏完成的傑作，現在則供給人民大眾作休閒的處所，也為大陸賺取不少的外匯。我對類似的古蹟，無多興趣，加上體力不濟，所以既未登臨長城的城牆之巔，也未進入定陵的地宮之內。因為是週日，到處擠滿了人。

我在定陵地宮外的院子裡坐著休息時，竟有一位男士走近身前相問：「你是臺灣來的吧？我也是從臺灣來的，你住北投，對嗎？我在電視見過你。」我覺得既親切也可怕，這麼湊巧，遠在北京，也給臺灣同胞認出來了，好在彼此都因探親而在異地相見。這種情況，若發生在一年以前，就要變得很麻煩了。

七、法源寺

法源寺禪堂廣單。

四月十一日，星期一。

上午參觀法源寺，此寺始於唐太宗貞觀十九年（西元六四五年），為追薦東征陣亡將士而建。為北京最大的一座古寺，文革期間，經像、法物遭到全面破壞，一九七九年再度修復，並將故宮及各地收藏的佛像、寶鼎集中於此，也將國家圖書館等處的佛教古籍木刻線裝本佛書集中於此，共計兩萬餘冊。該寺現已開放成為旅遊重點，雖於各殿供設佛像，唯有後殿設置香爐。方丈觀空長老，已九十多歲，乃碩果僅存的西藏學者。湖南的明真長老也在此寺，皆以年高體弱，故未見到。寺內設有「中國佛學院」，院長趙樸初居士，副院長則係日本佛教大學畢業之傳印法師，學僧五十多名，屬高中畢業後的三專程度，畢業後的學歷受社會認可，唯僅宗教部門許可，仍非教育部門的文憑。全國各地現共計有十三所佛學院，地方的則屬教育部門立案，乃中等學校程度。下午由於外蒙古吹來的黃沙漫天，當地人稱為「黃霧」，我的氣管太弱，出門便無法呼吸，故在旅社房間休息，三位年輕居士則去故宮觀光。

八、戒壇與佛牙塔

四月十二日，星期二。

上午十點，由淨慧法師帶同參觀廣濟寺，內設「中國佛教文化研究所」，所長也是現年八十二歲的趙樸初居士，副所長明哲法師。該寺現任住持，是上海龍華寺的方丈明暘法師兼任。「中國佛教協會」的會址即在此寺，趙樸初居士是現任會長。此寺也是今日中國大陸唯一的佛教定期刊物《法音》的社址所在，淨慧法師擔任主編。

相傳廣濟寺創建於金代，清初，恆明老人始立為律寺。順治五年（西元一六四八年），延請玉光律師傳戒，歷時十三載，自是成為北方的律宗專門道場。康熙三十七年（西元一六九八年），湛祐以漢白玉砌築戒壇，極其精美，文革期間，文物經像全毀，戒壇猶完整無損。不過今日的戒壇已權作禪堂，實則用作僧眾寢室，戒幢已倒，定香不繼，徒供憑弔而已。我到此寺的最大目的，便為禮拜這座

北京廣濟寺漢白玉戒壇。

戒壇，我的得戒和尚道源長老（西元一九〇〇——一九八八年）曾住此寺，律寺的古風雖已無存，漢白玉砌成莊嚴戒壇，依然無恙，睹物思古，懷古傷情，唯有祈願律寺復興，戒幢重樹。而我回到紐約的當日，便由農禪寺果鏡仁者打來的越洋電話中得悉，我的得戒和尚道源長老，已於四月十六日，捨壽於臺北。如他老人家知道，我在他圓寂前的四天，已朝拜了他曾住過的廣濟律寺，必然會欣喜無量，現在我卻唯有以一片至誠向他默默地報告了，行文至此，更增無限悲愴！同法源寺一樣，廣濟寺現在也藏有借自國家圖書館的線裝佛書一萬多

北京八大處的佛牙塔。

建於遼咸雍七年（西元一〇七一年）的「招仙塔」塔基。

冊，我在那裡見到了好多部在海外難得見到的山誌與寺誌。

下午參禮八大處的佛牙舍利塔，塔址原為靈光寺舊基，八大處本有八座寺院，目前一間也無。佛牙塔是新的，建於西元一九五八迄一九六四年。傳說釋迦世尊留下兩顆靈牙，一傳於斯里蘭卡，一傳於烏萇國（今巴基斯坦境內），後傳至于闐，由法獻（西元四二四—四九八年）帶回南京，隋代移至長安，五代時期到了北京，故於《遼史》卷二十二的〈道宗本紀〉，載有咸雍七年（西元一〇七一年）八月將佛牙安置於「招仙塔」的紀錄。招仙塔又名「畫像千佛塔」，毀於光緒二十六年（西元一九〇〇年）八國聯軍的砲火，迄今塔基仍在，佛牙舍利即自塔基的石函中發現，函內有沉香木盒，上有「釋迦牟尼佛靈牙舍利，天會七年四月二十三日記，善慧書」的題記。「天會」是北漢年號，即西元九六三年（宋太祖乾德元年），在文革期間，新塔幸未受損。此塔高五十公尺，塔基二十二公尺見方，八角十三層密檐磚造。這也是大陸政權下唯一新造的佛教建築。

瞻禮了佛牙塔出來，即進入頤和園，我對這座慈禧太后的傑作沒有什麼興趣，只是沿著人工的昆明湖邊，從後門走到前門，未登園中的萬壽山。

九、雍和宮

四月十三日，星期三。

上午由淨慧法師伴遊雍和宮，該宮本為乾隆帝出生處，又為雍正帝即位前的居處，即位後捨此宮為喇嘛寺。正殿供養宗喀巴的巨大塑像，兩旁是達賴及班禪的座位。以前班禪到京，即居於此。現在早已成為旅遊名勝，住持也易為內蒙古人。小喇嘛數十名，經營售票、收票等工作，法物依舊，唯如博物館的陳列品，而非修行用的法器了。宮中也有漢白玉砌成的戒壇一座，比諸廣濟寺的高廣約一倍，乃乾隆帝求受菩薩戒時用過，據說，另有一座戒壇，在北京的戒壇寺內，比雍和宮的更加廣大莊嚴。

下午在東方飯店休息。

一〇、北京車站

晚上七點，離開飯店，由明暘、淨慧、能成等老、中、少三位法師及五位居士，送我們至北京火車站，搭乘九點二十分開往洛陽的列車。北京人口一千萬，而每天出入北京或道經北京的約有百萬，車站再大，也是人山人海，站內站外烏鴉鴉一片，滿地躺著候車的「群眾」，好像戰時等待撤退的敗兵和難民一樣。如非「佛協」的關係，很難購到車票。我們本已購妥往山西五台山的軟式臥車票，由於我們臨時要求改往洛陽，只好改乘硬式臥鋪。「軟臥」及「軟席」，除了外賓，乃市長以上的高級特權者所享用，硬臥也得有些身分的人才能買到，一般群眾只夠坐三等的不對號車廂。因為人多而車站又大，饒是他們幾位老北京，也把我們帶著上樓下樓，奔前闖後地兜了幾圈，才找到我們要乘的列車，險險地剛把行李搬上車，列車便漸漸地滑出了北京車站的月台。為了沿途隨時照顧，由趙國忱先生全程陪同。

一一、洛陽的古墓博物館

四月十四日，星期四。

上午十點二十分，火車抵洛陽車站，白馬寺的代住持海法法師及其弟子體空師，已在站內候迎，登車後直驅洛陽友誼賓館。午餐後，即去參觀邙山古墓博物館，據說，昔有「生在蘇杭，死葬北邙」之語，蘇杭二州的風光明麗，北邙山的風水靈秀，古來王臣多願卜葬於洛陽北邙山。邙山為一丘陵地帶，上山之後不見有山，現為農耕的田地覆蓋，據說只要深挖，寸寸土地之下，均有古人的墓穴，甚至上下重重層疊。

古墓博物館中，陳列了十九座西漢、魏、晉、唐、宋的墓窟的模型，以及墓中挖掘出土的石棺、陶器等實物的展示，也有墓門、墓頂、墓壁等的石雕及壁畫。博物館的門禁森嚴，守衛荷槍實彈，宛如軍事要塞，重重門卡，三次購票，逐段參觀。在「珍貴古墓區」，導遊人員為我們找來了負責說明的年輕女職員，態度還算親切。歷時九十分鐘，每至一個墓窟，我便向墓中的原主人默默致歉，並為他們念佛超度。中國古人稱死亡之後「長眠地下」，這些古墓的主人，竟然於謝世千百年後，仍然受人騷擾，被人挖起，任人參觀。依照中國禮俗，掘人祖墳是最不道德的行為。此雖不是佛教的觀念，身為讀過中國書的中國人，我也不能不感到抱歉，而大陸挖墓的工程，仍在方興未艾地於邙山地區進行。此對於考古學，固然大有用處，對於古文物的保藏，則無異是在腐蝕，出土之後，尚能保存多少年代呢？當我走出燈光陰暗的地下墓室，彷彿是走完了中國傳統的時光隧道。今人與古人，同樣是人，應該息息相通。看了掘墓之風，便覺得與中國的古人之間，不僅有代溝，而且是相隔著千萬里的幽谷，根本無法互通心聲。

一二、龍門石窟

四月十五日，星期五。

上午參觀世界聞名也是我嚮往已久的龍門石窟千佛洞。洛陽素稱「九朝古都」，東周、東漢、曹魏、西晉、北魏、隋、唐、後梁、後唐等，先後在此建都，它是一個四面環山的盆地，「左控函谷，右握虎牢，面對伊闕，背靠邙山」。被古人譽為「四險之國」。龍門又名伊闕，是洛陽南面的天然門戶。自古以來，「龍門山色」被列為洛陽八景之冠。

隔著伊水的對面便是香山，古有香山寺，唐朝詩人白居易在洛陽十八年，常住香山寺，因號「香山居士」。

龍門兩山屬於古生代寒武紀到奧陶紀的石灰岩，石質堅硬，宜於雕造。龍門石窟的佛像開鑿，始於北魏，盛於唐，下至五代、北宋、元、明、清諸代，僅有一些小型造像龕和題名。最具代表性的是由唐高宗及則天武后親自督造的「奉先寺大盧

龍門奉先寺主龕像。

龍門奉先寺前。

舍那像龕」，主像通高十七點一四公尺，豐滿健壯，柔和莊嚴、雍容華貴、豐頤秀目、威儀堂堂，左右分列迦葉、阿難、文殊、普賢、天王、力士。原來有寺舍，故雕像之前有廣大的石平台，從對面的香山看過來，尤覺氣象萬千。

可惜，十之七八的龍門雕像，均遭天然腐蝕，特別是人為的破壞，斷臂缺腿、失頭掉腳，令人不忍卒睹。奉先寺的大盧舍那佛，也不免遭到了截手剁足之殃，唯胸部以上堪稱完整。可嘆的是，中國人雖善於創造文物，卻也最會破壞文物。如今的龍門，僅供旅遊者的觀賞，已無絲毫宗教活動的氣息。一九七八年前，任其藏於荒煙蔓草叢中，現在則歸於園林部門管理經營。

一三、白馬寺

下午參禮白馬寺，代理住持是六十三歲的海法法師，率領其住眾數十人，迎於三門。鐵塔寺的九十六歲淨嚴長老，亦派其年輕比丘弟子心廣師，到白馬寺接待。白馬寺中青年僧眾近六十人，準備要辦佛學院，卻苦於缺乏教員及課本。現在大家則忙於旅遊服務及打掃工作，每天遊客近萬人，已無安靜的餘暇做定慧的修學。

白馬寺在洛陽城外，十二公里處。訪問白馬寺，正是我們把原來安排的五台山行程，改為來到洛陽的主要原因之一。這是佛教自印度傳來中國之有歷史記載的最早寺院，故在該寺迄今保存的不少古代碑刻和供器上，還留有「祖庭」字樣。此寺與漢明帝於永平年間（西元五八—七五年），夜夢金人，而派郎中蔡愔及博士弟子秦景等，赴西域求法的史事分割不開。雖然《魏書．釋老志》對此寺的記載與東漢《牟子理惑論》的記載略有出入，大致則頗相近，那就是當時求得《四十二章經》，寫藏於稱為「蘭台」的國家圖書館之石室。蔡愔以白馬負經而還，因立

白馬寺前與住持等人合影。

白馬寺於洛城西面之雍門外，並於南宮之清涼台及開陽門上，造佛像飾佛畫。又據《高僧傳》卷一的「攝（迦葉）摩騰」及「竺法蘭」的兩傳中，也說蔡愔、秦景等，出使天竺，尋訪佛法，遇見迦葉摩騰、竺法蘭兩位高僧，即邀至漢地，冒涉流沙，至於雒邑，明帝賞接，於城西門外立精舍以居之，即白馬寺也。兩人同於此寺譯出《四十二章經》。不久，迦葉摩騰逝於雒邑，竺法蘭繼續譯出了《十地斷結經》、《佛本生經》、《法海藏經》、《佛本行經》。流傳下來的，僅第一種。這是中國之有以漢文譯出的佛經之始，也是漢地有佛教僧人之始。

相傳，至曹魏之世，有曇柯迦羅、康僧鎧、曇諦、白延等，相繼在白馬寺譯出諸經；西晉的竺法護也在此寺譯出《魔逆經》等；東晉的支遁曾在此寺與劉系之等，談論《莊子．逍遙遊》；北魏之曇摩流支及佛陀扇多等，亦曾在此寺，從事譯經工作。

唯以世事無常，自東漢明帝以來，凡一千九百三十年間，白馬寺閱盡諸多王朝盛衰，飽經人間世態的滄桑，該寺也修廢頻仍，迭經成壞，歷朝亂世衰敗而治世必予重修，有清一代，即有順治四年（西元一六四七

迦葉摩騰像。

年）、康熙三十一年（西元一六九二年）及五十二年、五十五年、乾隆五十一年（西元一七八六年）、同治十三年（西元一八七四年），凡六次修復；民國二十一年（西元一九三二年）三月，國民政府擬遷都洛陽，中央委員張繼訪白馬寺，見到牆敗宇塌，庭階荒蕪，即請上海德浩法師駐錫此寺，重行營建。嗣以抗日戰爭中，白馬寺再度敗落，再加上文化大革命的徹底摧殘，佛像被砸，經卷被焚，法器被毀。一九七二年起，大陸責成文物保管所再次全面重修並經營管理，到了一九八四年，始移交洛陽市「佛教協會」，由僧人管理。

竺法蘭像。

密檐塔。

現在所能見到的白馬寺，在其寺東一華里處有齊雲寺的密檐塔，據稱建於後唐莊宗，如今有塔而無寺。

白馬寺前左側有一石馬，原係位於寺西一千公尺處的宋代右衛將軍駙馬都尉魏咸信墓前之物，民國二十四年（西元一九三五年）前後，德浩法師將之移於寺前，原有一對，現僅存其一匹。寺內則有天王殿、客堂、祖堂、齋堂、禪堂、大佛殿、大雄寶殿、接引殿、清涼台、毘盧殿、迦葉摩騰殿、竺法蘭殿、上僧院（在清涼台上的西院）、迦葉摩騰及竺法蘭的二大師墓。

從寺中所留多種碑記，發現在康熙年間（西元一六六二——一七二二年），有一名叫穎石如琇的禪師，曾經住持此寺，他能文善詩，書畫亦佳，至今寺內猶留下他不少的詩文及畫作的刻石，古剎名僧，相得益彰。

目前白馬寺已由大陸的文物保管單位經過十二年的整理，殘缺的法物、斷截的碑碣，凡有歷史價值的一磚一瓦，都已標示陳列，獨少漢魏迄唐時諸譯經大師們的遺風。我在迦葉摩騰及竺法蘭兩位大師的像前及墓前，各頂禮三拜，用表感戴早期由西天竺涉險來華諸大師們，譯經弘法的大恩大德。

一四、少林寺

四月十六日，星期六。

上午八點半，驅車至鄭州登封縣的少林寺，相去洛陽八十公里，車行三小時，抵達之際已近中午，離寺前一公里處，公安部門設有管制，若無縣府的特許，遊客車輛不得擅入，必須步行入內，幸有當地宗教局的孫科長及寺內管事的二十四歲青年僧行孝師，已在管制站前鵠候一小時，立即將我們引至該寺大門口，只見遊客萬頭攢動，寺內寺外人潮洶湧，像在趕廟會，情況與長城、定陵、龍門、白馬寺所見一樣熱鬧，據說自一九八〇年開放後，遊客日增，每天有兩萬多人出入，其中約有十分之一可能進香拜佛。

少林寺的原住持是以一指功聞名的海燈法師，已因寺內外的糾紛太多，回了四川老家。現在住持是當地出生的德禪長老，已八十二歲，雖在病中，仍然穿起黃海青坐在椅子上由幾位青年僧侶抬到客堂，表示接待。這是禪宗的法源所在，也是中

在少林寺與德禪長老合影。

國佛教的祖庭，我本想跟這位長老談談心法與佛法，眼見他枯瘦如柴，病弱猶如風中殘燭，便不忍啟口了。從資料中得悉，他是一位僧醫，特別是傷科，也練得一手好拳，尤其是大紅拳。宋以後的少林寺，以武術聞名於世，特別在武俠小說中所見的少林寺，乃武術的宗主。

如今實際的管理工作，乃由幾位青年僧負責，接待我的，尚有四十二歲的知客師印松，另一位二十四歲的青年永信師。住眾四十多人，有老有少，皆為服務遊客及香客而忙，每年收入人民幣達一百二十萬元（不到三十萬美元）。據說仍上朝晚殿，我們也見到有一位新到的青年掛單僧，在客堂等候接待。因為收入多，除了寺內開支維修重建，各級各種的地方單位的需索，也很難應付。

少林寺位於中國的中嶽嵩山，原在叢山之間的密林之中，間於少室山的北麓、五乳峰的南麓。北魏太和二十年（西元四九六年），孝文帝為天竺來華的佛陀禪師創建此寺，當時曾於寺之西台造舍利塔，塔後建翻經堂。不久，勒那摩提來華，便在此寺翻譯經論。傳說菩提達摩也曾住少林寺，故於寺內有二祖立雪求法的立雪亭，寺之西北二公里處的五乳峰下有初祖庵，初祖庵之後面五乳峰之上部，有達摩面壁的達摩洞，寺之西南四公里處有二祖庵。而佛陀禪師的弟子惠光、道房、僧稠皆為僧中龍象。北魏靜帝之世，曾選菩薩僧百二十人，住於此寺。而惠遠、洪遵等人，在此寺宣揚《四分律》。據《慈恩傳》卷九載，玄奘三藏亦曾「請入少林寺翻譯」。

隋末天下擾亂，王世充擁兵據於少林寺之西北五十里的柏谷墅，秦王李世民（後之唐太宗）出兵征戰中，寺僧志操、惠瑒、曇宗等十三人，助戰得力，獲得秦王嘉許，此殆為少林寺知名於武林，而被目為武林宗主的主因。明末則有該寺小山和尚掛帥出征以及月空和尚平倭寇的傳說，因此而在福建創立少林寺的別院，武林稱為南少林。元代少林寺的常住僧眾，多達兩千人，清代以後，漸趨於沒落。

史載，唐高宗及則天武后對少林寺均有關愛，唐中宗世，寺主義奘及上座智寶等，屈請義淨、護、暉、恪、威之諸律師，及瑳、思、恂之諸禪師，於該寺結戒壇。元世祖時，曹洞宗的雪庭福祐，中興該寺，門下有靈隱文泰相繼，嗣後依次住持者有古岩普就、息菴義讓、淳拙文才、凝然了改、俱空契斌、月舟文載、幻休常潤、無言正道、心悅慧喜等，各振洞上玄風。

該寺在清世宗雍正十三年（西元一七三五年）重修，至民國十七年（西元一九二八年）三月，惡魔石友三，火毀少林寺，連燒四十多天，主要建築如天王殿、大雄殿、法堂，以及兩廂的鐘樓、鼓樓、緊那羅王殿、六祖殿、香積廚、庫房、東西禪堂、客堂、靜室、十方堂、跋陀（佛陀禪師）殿等，均付之一炬。《少林寺志》、《拳譜》、《藏經》、達摩面壁影石等珍貴文物，皆成灰燼。嗣後在大陸政權成立之前，又有少林中學校長張友三，敲砸少林碑刻的年號和主要碑刻的文字。

根據先師東初老人的《中國佛教近代史》記載，民國十六年（西元一九二七年），信仰基督教的軍閥馮玉祥主政河南省之後，毀寺逐僧，雷厲風行，旋而引起當地學閥及土豪劣紳，趁火打劫，條陳沒收全部寺產，於是全省大小各寺，遭受空前的毀滅。驅僧返俗，勒令從軍，寺產充公，寺舍改為救濟院、圖書館、娛樂場。大小數百座寺院，三十萬人的生命財產，二千年來的歷史文物，摧毀殆盡。馮玉祥於滅佛之後的未久之間，聲望沒落，勢力崩潰，至民國十九年（西元一九三〇年）以後，便落為一敗塗地。爾後佛教在河南，又逐漸走向復興大道。（見該書三四五及三四六頁）

大陸政權初創階段，迄一九六三年六月二十日，公布少林寺為河南省的第一批文物保護單位，但不是為了保護佛教信仰。嗣經十年文革，逐僧毀寺，來了另一次的浩劫！而文革之前，寺僧已只剩下六人。一九八〇年以來，招回了離寺的老僧，也新收了一批青年僧，重建了大雄殿，為了吸引觀光客，特別開設「錘（拳）譜堂」於三門內西側，計二十四間，以二百多個與真人相等大小的塑像，藉生動的拳式姿勢，展出十四組拳譜。例如八段錦、小紅拳、大紅拳、六合拳、通臂拳、羅漢拳、昭陽拳等。並在最後的毘盧殿兩側，陳列十八般兵器，該殿磚砌的地面，也留有四十八個深淺不等的坑洞，乃該寺歷代僧眾練拳的腳坑遺跡；又在白衣殿的北壁和南壁，留有清人所繪巨幅壁畫，表現出少林寺僧徒手及持械的少林拳譜。目前少林寺外之東側五百公尺處，有在家人經營的少林寺武術館，建築得美輪美奐，專門接待外賓住此學武。從這些現

少林寺鐵飯鍋。

少林寺祖塔林。

少林寺內碑林。

況看來，除進門後的一長排石刻碑林，表示曾有相當的文化背景之外，少林寺僅有武術的形貌，而無昔日禪教及戒律的家風了！

武術與禪僧的結合，源同於印度的瑜伽術與瑜伽士之不可分割，習禪修定之人，除了心理的鍛鍊，亦需生理的健康，因而運動與靜坐並重，便成必然的結果。甚至有人在靜坐中，身體自然產生律動而如拳術招數或密教手印的動作。少林寺僧習武功，也是發端於禪者自然創出了拳腳的招式，本為防身健身，不為臨敵戰鬥。又由於嵩山地處偏僻，離城市很遠，自然環境也極嚴肅，不論住山耕作或出外行腳，若無強健的體魄，便無法生存。這次我們是乘汽車，先從少室山南方繞道進入，再由五乳峰的北面盤旋下山，距離最近的登封縣城也有十三公里，當年沒有公路，只有山道，出入嵩山自然需要好的體力。

上午出發，又經過龍門，下午回洛陽，再經白馬寺。晚餐後即收拾行李，乘十點鐘的軟臥火車，離開號稱牡丹之城的古都洛陽，向西安出發。洛陽自古即以牡丹聞名，我們到時，原是牡丹花開的季節，由於今（一九八八）春暖得較晚，我們僅看到處處碧綠帶苞的牡丹叢，卻未觀賞到盛開的牡丹花。倒是到了上海的龍華寺，院中有一叢正在怒放的「百年牡丹」。

一五、窯洞與黃霧

四月十七日，星期日。

乘了七個半小時的火車，於清晨五點半抵達西安車站。由北京往洛陽的途中，經過鄭州，我們從鄭州到達洛陽時，也是早晨，那天天氣晴朗，沿途見到了不少住在黃土懸崖下的窯洞人家。到西安的沿途，也有同樣的景觀，有的窯洞住家，照樣以磚砌門框，加上木門，聽說那是一種冬暖夏涼的洞宅，實則類似鑿於山壁上的防空洞，而且沒有通風設備，足以禦寒蔽雨及防止風沙，如說是小說家筆下的洞天福地，卻未必見得。

昨天從早到晚，西安境內，也是「黃霧」漫天，我們下車時見到車站的人群，從頭到腳，都披上一層黃沙細末，好像剛從灰土堆裡打過滾出來似的。所有車輛、建築物、植物，以及每寸土地，皆像蒙了一層厚厚的黃霜。雨量不足，乾旱頻仍，空氣中的含塵量極高，遇到大風便會黃沙滾滾。我們到訪時，正是春天，大地皆被一片綠油油的小麥及黃澄澄的油菜花所覆蓋，空氣尚算新鮮。那天早晨遇著「黃霧」，當地人好像若無其事，並且告訴我說：「據說這場黃霧，三天以後才能結束。」我雖初到，卻已覺無法呼吸了。幸好我們抵西安時，風已停了，直到十九日下午，我們離開時為止，未見黃霧再度肆虐。從這一點體驗，使我對於古代西遊求法諸高僧的偉大，更加敬仰，如《大唐大慈恩寺三藏法師傳》卷一所載，玄奘大師經過八百餘里長的莫賀延磧大沙漠，「上無飛鳥，下無走獸，復無水草。」「夜則妖魑舉火，爛若繁星，晝則驚風擁沙，散如時雨。」如果叫我去接受那樣的環境，怎麼也是難以想像的事了。

一六、興教寺

西安興教寺玄奘大師塔。

火車剛一進入西安車站，已見月台上有兩位青年比丘在等候我們，另有許立工居士及白國鈞先生，先將我們接到西安城內的人民大廈賓館，早餐後即驅車訪問興教寺。此寺建於唐高宗總章二年（西元六六九年），是玄奘三藏（西元六〇二—六六四年）埋骨之處。根據《三藏法師傳》所載，玄奘三藏於貞觀十九年（西元六四五年）回國之後，曾隨著皇帝住過東都洛陽，也隨皇帝回到西京長安，在西京曾住慈恩寺、玉華宮、西明寺，最後圓寂於玉華宮，停靈於慈恩寺，初葬於近郊滻東之白鹿原。到了總章二年，另於西京東南的少陵原畔建此寺，將玄奘三藏的靈骨遷葬於此。據《三藏法師傳》卷十云：「至總章二年四月八日，有勅徙葬法師於樊川北原，營建塔宇。蓋以舊所，密邇京郊，禁中多見，時傷聖慮，故改卜焉。」（《大正藏》五十・二七八頁中）

這是說，玄奘大師先葬於京城的近郊，高宗皇帝時常見到，難免睹物傷情，故改建其塔宇於離京較遠之處。「樊川」是西安向東的一個長條川谷地帶，兩側地形高起，稱之為「原」，北側高起的稱為「少陵原」，南側高起的稱為「神禾原」。樊川又名秦川，古有「秦川八百里」之語，足見其相當地長，「川」內有四條河流，這是中原地方得到天然水利之便的富庶區域，無怪其成為自古兵家之所必爭，也是能使之成為古代帝王選此建都的主要因素。

在玄奘三藏圓寂後約一百年，唐肅宗（西元七五六—七六二年在位）蒞臨三藏塔宇，為玄奘舍利塔題額「興教」二字，自此即以「興教寺」為名，現在它的寺額全名是「護國興教寺」；民國十二年（西元一九二三年）冬，康有為所題「興教寺」匾額，迄今猶懸於大雄殿前。寺中現有磚砌五層正方形三藏法師塔一座，塔底後側嵌有「唐三藏大遍覺法師塔銘」，據《太虛年譜》載，民國二十年（西元一九三一年）十月十二日，太虛大師曾「往興教寺，禮玄奘、窺基、圓測之塔。歸途，禮杜順塔」。

這次我也在三藏塔前，深深禮拜，也見到了太虛大師手書「唐三藏塔」的塔額嵌於塔門之上。亦可由此推知，該塔在民國二十年後，曾經整修過一次。東、西兩側各有一座三層

禮拜唐三藏塔，塔額為太虛大師書。

四方形的矮塔，便是基師及測師之塔了。我在臺灣，曾三訪日月潭玄奘寺，禮大師頂骨舍利，這次能夠親到大師葬骨之處，不論塔中的靈骨情況如何，實在覺得福緣殊勝，面塔禮拜之際，好像也躬逢了一千三百二十四年前，玄奘三藏入寂之時的感人場面，據《三藏法師傳》卷十載，奘師臨終前後的莊嚴相是這樣的：

大師生前：「法師形長七尺板，身赤白色，眉目疎朗，端嚴若塑，美麗如畫，音詞清遠，言談雅亮，聽者無厭。或處徒眾，或對嘉賓，一坐半日，身不傾搖。服尚乾陀，裁唯細氎，脩廣適中。行步雍容，直前而視，輒不顧眄。滔滔焉若大江之紀地，灼灼焉類芙蕖之在水。加以戒範端凝，始終如一，愛惜之志，過護浮囊，持戒之堅，超逾繫草。性愛怡簡，不好交遊，一入道場，非朝命不出。」（《大正藏》五十．二七七頁中）

大師臨終：「時（玉華寺）寺主慧德，又夢見有千軀金像，從東方來下，入翻經院，香花滿空，至（麟德元年，西元六六四年）二月四日夜半，瞻病僧明藏禪師，見有二人，各長一丈許，共捧一白蓮華，如小車輪，華有三重，葉長尺餘，光淨可愛。將至法師前。……（師）遂以右手而自支頭，次以左手申左髀上，舒足重壘，右脇而臥，迄至命終，竟不迴轉，不飲不食。至五日夜半，弟子光等問：『和上決得生。』言訖，喘息漸微，少間神逝。侍人不覺，屬纊方知。從足向上漸冷，最後頂暖。顏色赤白，怡悅勝常，過七七日，竟無改變，亦無異氣，自非定慧莊嚴，戒香資被，孰能致此。」（《大正藏》五十．二七七頁上—中）

唐高宗得到大師已逝的消息時：「哀慟傷感，為之罷朝，曰：『朕失國寶矣！……國內失奘師一人，可謂釋眾梁摧矣！四生無導矣！亦何異於苦海方闊舟檝遽沈，暗室猶昏燈炬斯掩！』帝言已，嗚咽不止。」（《大正藏》五十．二七八頁上）

從以上幾段文字，可以明白玄奘三藏的音容儀表，定慧莊嚴、戒行冰潔、信念堅貞，事功與德業，均是千古難得一見的偉人。他從印度繕寫帶回中國的大小乘聖典六百餘部，在其從事譯經工作的十九年之間，至其入寂之時，所翻經論，合七十四部，總計一千三百三十八卷。他不

僅是中國佛教史上最偉大的譯經三藏，也是中國文化史上最偉大的翻譯家，更是世界史上前無古人後無來者的偉大文化使者。無怪乎唐高宗要為他的逝世而謂「朕失國寶」，而會「嗚咽不止」了。念及於此，我在禮拜三藏法師靈塔之時，雖未嗚咽不止，卻也哽咽難抑。

興教寺的方丈常明法師，已七十歲，中午特為我們準備了陝西式的素食，有飯、有麵，麵食又分作麵皮、麵條、包子、蒸饃以及當地的薺菜、

華嚴寺廢址的初祖杜順塔，左為已崩的四祖澄觀塔基。

菠菜、青菜，熱吃、涼吃，有炒、有煮，陸陸續續搬上桌子的，共計十八樣。該寺傍山，有清冽的泉水，寺後有一方十畝大小的菜圃，現住老、少僧眾二十多人。

午後回程途中，經過華嚴初祖杜順禪師的舍利塔，由於塔在山腰，僅在登山小徑遙禮。杜順禪師塔尚完整，塔左的清涼國師塔，則僅存底基。該處本為華嚴寺故址，現已無寺，塔也無人照顧。也許是華嚴宗在中國的唐末之後，未再有傑出的人才，明末及清，雖有數人弘揚華嚴，竟亦未曾注意祖庭的沒落吧！

一七、大興善寺

下午回到西安市區，訪問永寧門外的大興善寺，現有住眾二十多人。住持慧雨法師，年高七十六歲，文革期間，他穿人民裝，在寺中擔任園藝修剪及清掃工作，目前已由園林部門轉移一部分給寺院管理經營，仍以旅遊事業為其收入，此乃西安市內現有範圍最大、占地最廣的一座寺院公園，也是西安現存最古的一座佛教道場。

此寺是在隋文帝開皇二年（西元五八二年）敕建遵善寺，六月敕將北周靜帝大象元年（西元五七九年）所建的陟岵寺，遷建於現地，與遵善寺合併，同時改名為大興善寺。歷隋、唐兩代，都是京城長安最大最重要的一座代表著國家佛教的寺院，統領全國寺僧。同年七月迎北天竺三藏那連提黎耶舍及其弟子道密等，以此寺為譯經道場，曇延等三十餘僧，共扶譯業，計翻出佛經八部二十八卷。嗣後又以闍那崛多、達摩笈多為譯主，同時招集僧休、法粲、法經、慧藏、洪遵、慧遠、法纂、僧暉、明穆、曇遷等十大德，至此寺掌理譯事。隋文帝仁壽二年（西元六〇二年），翻經學士彥琮等，於此寺撰成《眾經目錄》五卷。迄至唐代的玄宗天寶十五年（西元七五六年），敕不空三藏住大興善寺之後，此寺即成為唐代弘布密教的中心。

中國佛教的密法流傳，以唐代鼎盛。共有三位弘傳密教的功臣。第一位是由陸路來華，中天竺的善無畏，開元四年（西元七一六年）入長安，譯出密部聖典計六部十八卷。開元二十三年十月七日，以九十九歲高齡，病逝於洛陽的福先寺，遺有大弟子一行禪師（西元六七三—七二七年）。

第二位是由海路來華，南印度的金剛智，開元七年到廣州，開元八年經洛陽至長安，先住慈恩寺，後徙薦福寺、資聖寺等，譯出密教聖典十一部二十四卷。開元二十九年寂於洛陽，傳法弟子是一行及不空等。

第三位是不空三藏（西元七〇五—七七四年），他父親是北天竺人，十歲入唐，十五歲在長安隨金剛智出家，盡得師傳。開元二十九年奉師遺命並受玄宗詔書，至獅子國（現在的斯里蘭卡），隨密教大師普賢阿闍梨，學法三年，前後得梵篋千餘卷。天寶六年返至長安，玄宗親受灌頂，初住淨影寺，次住保壽寺，最後則住大興善寺。「安史之亂」後，不空為肅宗授轉輪王七寶灌頂。代宗時，敕征大德四十九人，常住大興善寺，每年正、五、九的三個月，於該寺開壇灌頂，教化文武百官以及廣大四眾。不空譯《密嚴》、《仁王》二經，代宗親為作序。此時的長安諸寺之中，以大興善寺最勝，兩京僧徒，一時也以修密法者居多。中國佛經的翻譯事業，也進了最後的一個高潮時期。大曆六年（西元七七一年），不空表進開元以來所譯經典七十七部一百零一卷及其目錄。大曆九年六月十六日，不空三藏捨壽於大興善寺，代宗聞之，廢朝三日，追贈「司空」，謚曰「大辨正廣智不空三藏和上」。於長安城南的少陵原火化後，敕建舍利塔於大興善寺院中。

唐末會昌五年（西元八四五年），武宗滅法後，大興善寺僅剩天王殿及大士閣，後經明代及清代，數度修整，清末以來，關中屢遭兵災，此寺一再遭到破壞。文革之前，寺中僅剩十餘僧眾。文革期間，禁止佛教，更遭毀壞，殘餘殿宇被占用，僧侶或被迫還俗，或易服勞役，或被折磨而死。文革前，由寧波觀宗寺諦閑法師的學生，天台學者朗照法師，擔任西安臥龍寺及大興善寺方丈，即死於文革期間；另有興教寺住持妙寬法師，乃因明及唯識學者，以及曾經留學法國的東北人慈雲法師，均在文革期間，憂憤逝於西安。動亂結束後，再度尋回原住的僧人時，僅餘慧雨、寬宗、永明、傳燈四名。目前，慧雨為方丈、源慧當維那、印善任知客。現任西安「佛協」會長的許立工，原亦當地僧人的才俊還俗者。

一八、大慈恩寺大雁塔

從大興善寺出來，下午四點，抵達西安城南的大慈恩寺，住持寬宗法師，「佛協」的祕書永明法師，以及傳承藏密而稱為天台學者的隆圓法師，早在寺門外佇候一個多小時，他們三人也都已是六十五歲以上的人了。現在西安市的「佛協」設於此寺。

大慈恩寺，是唐高宗在皇太子時代，貞觀二十二年（西元六四八年），為報其母文德皇后的慈恩而建，當時有十餘院計一千八百九十七間殿宇房舍，壯大雄偉，美輪美奐。敕度三百餘僧，別請五十大德，而迎玄奘三藏為其上座，並在寺之西北造譯經院，奘師所譯經典，大半完成於此寺。唐高宗永徽三年（西元六五二年），奘師恐怕由西域帶來的經像遭受火難損失，奏請於該寺南端造一石塔，安置梵篋，高宗皇帝以石難成，改用磚造，結果仿西域制，建築了一座「大雁塔」，塔基一百四十尺見方，塔高一百八十尺，四方形共五層。迄今的大雁塔內，早已不見西

大慈恩寺大雁塔前。

域來的梵篋，倒是可供遊客登臨遠眺，而且歷年來由於塔基泥土被挖，塔身已逐漸向右傾斜。此塔曾經數度重修，現在是七層的方形磚塔，磚砌基壇方一百四十尺，高約十五尺，全高一百九十四尺，第一層八十四尺見方，有名的唐太宗撰、褚遂良書的〈大唐三藏聖教序〉石刻碑文（唐高宗永徽四年的作品），即嵌於此塔南面的室中。由於許多人都希望獲得此碑的拓本，致易於損及石碑，故已加上鐵柵保護，然在西安的任何一個出售紀念品的商品及攤頭，又都可以隨手購到廉價的此碑拓本，識者一眼便可認出那些都是贋品，上焉者用石板仿刻，下焉者則用木板模刻，我就得到好幾幅不同板刻的〈大唐三藏聖教序〉拓本。

其實，目前的大慈恩寺，僅是大雁塔的塔院部分，大慈恩寺的原寺基地，在塔的後側一大片平地，目前正在計畫收歸寺有中。大慈恩寺原為玄奘三藏譯經處，唐高宗顯慶三年（西元六五八年），奘師奉敕移住新建的西明寺，即由其弟子窺基大師繼任此寺住持，大張法化，所以世稱基師為「慈恩大師」。我能來到奘、基兩位大師譯經弘法之處，景物雖異，其地則同，踏在大師們曾經走過的腳印上，憑弔遺跡，既覺有福，尤感哀傷！

一九、青龍寺

四月十八日，星期一。

上午九點參禮位於樂遊原的青龍寺。此寺始建於隋文帝開皇二年（西元五八二年），初號靈感寺，唐高宗龍朔二年（西元六六二年），改名觀音寺；唐睿宗景雲二年（西元七一一年），又改名為青龍寺。唐武宗會昌五年滅佛之後的第二年（西元八四六年），修復此寺，更名為護國寺。唐宣宗大中九年（西元八五五年）七月，又將此寺改回為青龍寺。直到北宋哲宗元祐元年（西元一〇八六年）之後，此寺全毀，地面建築蕩然無存。其實早在北宋神宗熙寧五年（西元一〇七二年）日本京都大雲寺僧成尋來華，想要巡拜青龍寺，業已找不到了。不過日本佛教，對於青龍寺的法緣與感情，是極其濃厚的。因在日本佛教史上被稱為「入唐八家」的先後八位高僧之中，除了最澄及常曉，竟有六人曾來此寺求授密法，那就是空海、圓仁、圓珍、惠運、宗叡、圓行。他們的傳承祖師，便是惠果阿闍梨。

前述大興善寺的不空三藏，門下弟子中的著名者有含光、慧超（新羅人）、惠果、慧朗、元皎、覺超，合稱為六哲，而唐代宗大曆十年（西元七七五年），敕賜惠果於青龍寺東塔院設灌頂道場。據〈大唐青龍寺三朝供奉大德行狀〉載，惠果受到唐代宗、德宗、順宗的恭敬供養，他的教化甚廣，上自朝廷權貴，下至庶民百姓，名聞於新羅及日本僧俗，都來從他受灌頂，唐順宗永貞元年（西元八〇五年），寂於青龍寺。

惠果親承不空傳授金剛界及胎藏界兩部大法之外，並從善無畏的弟子玄超，受胎藏法及諸尊瑜伽。由惠果處傳承兩部大法者，中國學僧有惠應、惠則、惟尚、義滿、義明、義照、義操、義愍等；傳承胎藏界的有義澄、法潤等。惠則之下，又傳緣會、元政、文悟、文璨；義操之下，又傳義真、深達、海雲、大遇、文苑、法潤、文祕、法全等。外國學僧，親承惠果傳法的有印尼（訶陵國）的辯弘、新羅的惠日、日本的空海。元政之下，三傳是日本的圓仁；義真之下，三傳是日本的圓行；法全之下，三傳是日本的圓珍、圓載、宗叡。

發揚於青龍寺的密教，在唐武宗（西元八四一——八四六年在位）滅法之後，即在中國失傳。倒是從青龍寺傳去日本的密教，弘傳迄今，花盛葉茂，有高野山派、成田山、豐山、比叡山等諸派。故在中國佛教界，已將青龍寺的存在遺忘了九百多年，而日本的密教諸派，仍舊念念不忘，要到中國尋找他們的祖庭。民國十三及十四年（西元一九二四及一九二五年）和田辨瑞及加地哲定，兩人先後到西安瞻禮，誤認為祭台村的石佛寺就是青龍寺。因此，於民國十九年（西元一九三〇年），朱子橋（慶蘭）將軍到陝西石佛寺，還商同地方政府及信眾，予以重修。但在大陸社會科學院考古研究所西安工作隊，於一九六三年的勘察及一九七三年的複查和發掘結果，發現青龍寺的寺基，是位於樂遊原上，並有兩個遺址，一是塔址，一是殿堂遺址，而其規模極大。目前已由日本提供經費，就其二址，建了一殿一塔，供遊客憑弔。那是由於日本香川縣的知事前川忠夫，於一九七九年十一月到西安訪問，提出了恢復密教祖庭的建議，大陸即以「擴大文化交流，促進中日友好」的主題，接受了日本的捐資，出錢者是空海弘法大師的故鄉香川以及德島、愛媛、高知等四個縣組成的「空海紀念碑建立實行委員會」。自一九八二年五月竣工以來，均屬文物部門經營管理，了無一絲佛教聖地的氣息。

二〇、秦陵兵馬俑

離開青龍寺遺址後，驅車前往臨潼縣的秦陵及秦兵馬俑博物館。依據史載，洛陽曾是「九朝古都」。長安則曾被十多個王朝當作首都，總計一千餘年，那就是西周的鎬京，秦的咸陽，西漢、西晉、前趙、前秦、後秦、西魏、北周之長安，隋之大興，唐之長安，黃巢、李自成也均在西安建立過政權。秦始皇（西元前二四七—二一〇年在位）統治中國計三十七年，留下了暴君行暴政的惡名，也留下了萬里長城的偉大建築，這次參觀他的陵墓，儼然是一座平地拔起的山崗，尚未發現其墓門墓道，所以還沒有挖掘出土。倒是他生前特製塋葬的數以萬計比真人真馬還要高大的陶燒兵馬俑，據說有三坑，已經發掘了其中的一坑，約六千件，陳列展示於原地，是於一九七四年發現的。正由於西安是中國古代的人文薈萃之都，只要向地下挖掘，到處都可能出現古代文物，大陸政權對此管制雖嚴，流在民間的數量也不少，所以外國遊客，是不准未經許可而將古文物攜帶出境的。

秦陵兵馬俑。

二、驪山

中午在秦俑博物館的貴賓餐廳過午。

臨潼縣的古蹟很多，例如周之烽火台，秦之秦陵、坑儒谷，漢之鴻門坂，唐之華清宮，近代史上西安事變的正氣亭及五間廳等。

午後我們往華清宮遺址的路上，在驪山山麓，望見屹立於山巔的烽火台。據《史記．周本紀》載，西周末代天子，為博得寵妃褒姒一笑，聽信佞臣虢石父的鬼主意，燃起驪山烽火，諸侯見烽火，以為幽王求救，大家率兵趕到，竟不見外寇，倒使褒姒因此而大笑，此後又數次舉起烽火，結果，周幽王十一年（西元前七七一年）西夷犬戎來攻，幽王再舉烽火征兵，諸侯卻不來了。因此「殺幽王驪山下，虜褒姒，盡取周賂而去」。為了紀念這個歷史故事，大陸特別把它修好，以供遊客觀覽。

華清宮遺址，也在驪山山腳下，那兒有溫泉，所以唐明皇李隆基每年十月都要帶著楊貴妃姊妹，來此住到明春三月才回長安。他在位四十四年，行幸華清宮竟達四十二次之多，可見當時驪山溫泉的盛況。先總統蔣公西安蒙難之處，即是華清池的故址所在，蔣公的西安行館五間廳及其臥室，如今仍布置整潔，任人觀覽。唯其已改「正氣亭」為「兵諫亭」。

二二、慶山寺的佛舍利

然後參觀臨潼縣博物館，禮拜陳列於該館樓下的慶山寺遺址出土的釋迦世尊舍利。據著名的大陸考古學家，即該館館長趙康民的《臨潼文史資料》中說：「慶山寺創建於隋開皇年間，初名靈嚴寺，西元八四五年，毀於唐武宗滅法，八六四年重修，名鷲嶺寺，九八一年改名護國寺。」嗣後「寺毀塔崩，唯塔下精室深埋地下，而不為後人所知。一九八五年五月五日中午，縣屬新豐磚瓦廠，在鳳凰原上取土製磚，於地下六米深

慶山寺出土的石雕釋迦如來舍利寶帳。

寶帳額枋刻文。

處，突然揭開了這座神祕的精室。」「精室面積不大，僅三平方米，但出土文物卻很豐富。諸如金棺銀槨、鎏金須彌座、銀首金法杖、鎏金高足杯、鎏銀寶瓶、虎腿獸面銜環香爐、三彩供盤、南瓜、護法獅等，多達一百二十七件。」

又說：「金棺、銀槨、舍利寶帳，是迄今世界所見最完整、最豪華，而又唯一刊名為釋迦如來佛的舍利棺具。」刻著「釋迦如來舍利寶帳」的石塔，高一點零九公尺，用六塊青石線雕構件組成，可以層層打開，底部是須彌蓮華座，上置方形楞柱中空帳體，帳體四角楞柱飾

金棺內的舍利（現用餅乾盒裝）。

銀槨內的金棺。

海石榴圖案，正面額枋正中刊「釋迦如來舍利寶帳」楷書陰文貼金字。帳體四面雕一組四幅涅槃變圖：正面是釋迦佛說《涅槃經》，左側面是涅槃圖，背面是荼毘圖，右側面是八國王子分舍利圖。

貯藏佛舍利的是金棺銀槨，金棺銀槨即藏於寶帳之內。銀槨長二十一公分，大頭高十四點五公分、寬十二公分，小頭高十公分、寬七公分。金棺長十四公分，大頭高九點五公分、寬七點四公分，小頭高六點五公分、寬四點五公分，出土時以錦帶縛纏，置於銀槨之內。

大陸的歷史學家武伯倫說：「西安

周圍唐代文物很多，可從來也沒有見到過這麼精的、這樣美的佛教文物。」日本京都的長佐敏雄教授則說：「這是我所見到唐代佛教文物中最珍貴的一批。」可是他們只知道祖先遺留的文物精美，卻忽略了促使這些文物產生的力量是佛教的信仰；他們重視安置佛陀舍利的容器，竟將數百顆晶瑩閃亮透明如細珠的佛陀舍利，從金棺銀槨中倒出，隨便置於一個塑膠質的餅乾盒中，擺在專為放置金棺銀槨而製的玻璃架下，厚其薄而薄其厚，本末倒置，莫此為甚！使我見了心疼猶如被刀刺！不管地下有多髒的塵土，五體投地，淚如泉湧。

寶帳內的銀槨。

隨後他們的館長出現了，便向他建議：「重視文物，更要尊敬舍利，宜將舍利另以精緻的容器單獨供奉，供人瞻仰，並當說明舍利的來源及其在佛教信仰中的崇高位置。」「佛協」派了隨同我們參訪的趙先生，也響應我而提出抗議：「至少不可將佛舍利放在塑膠盒中。」那位趙館長微微點頭，未作可否。

二三、法門寺的佛指舍利

晚上回到賓館，當地導遊人員為我們借來一卷《法門寺珍寶》錄影帶，放映了十五分鐘。法門寺位於陝西省扶風縣北，距離西安約一百二十公里，素有「關中塔廟始祖」之稱，始建於東漢之末，距今已有一千七百多年歷史，自北魏以來，迄於唐末，常是宮廷迎奉佛骨的聖地。

相傳釋迦世尊滅後一百十六年，印度孔雀王朝的第三代阿育王即位，大弘佛的法化，並且分批派遣使者，至世界各地，將佛的遺骨分作八萬四千份，於各地建造八萬四千座佛舍利塔。法門寺便是其中之一，那是佛的指骨一節，指骨舍利置於寶珠頂單檐四門的純金小塔之內，金塔置於六重由內至外自小而大的金質寶盒之中，寶盒埋藏於該寺「真身寶塔」塔基的地宮之下。

法門寺於盛唐時代，曾數度擴修，僧眾多達三千多人，最多每三十年，宮廷即迎佛骨一次，唐之高宗、武后、中宗、肅宗、德宗、憲宗、懿宗、僖宗等，均曾將此舍利迎入宮中禮拜。唐憲宗時，為了迎取佛骨至長安宮內供奉，勞師動眾，而引起反佛的儒家學者之攻擊，例如韓愈便為此寫了一篇〈諫迎佛骨表〉，因而被貶潮州。唐之懿宗及僖宗一朝，恭迎佛骨最為隆重，例如懿宗恭迎真身舍利入宮，執幡幢的儀仗隊約萬人，瞻禮的道俗四眾似潮流，歌舞管絃和梵唱之聲，沸盈天地。唐末以來，則寺毀塔崩，直到一九八七年元月，為了重修寺塔清理基礎，才被發掘出土，且有形狀大小相同的四枚指骨，比常人的指骨粗大一倍以上，據說其中只有一枚是真骨，其他的三枚是影骨，影骨究由真骨的化衍？還是真骨的仿製？則不得而知。這是迄今世上僅存的佛指舍利，埋藏地下近一千一百多年，而重現於世。發現後立即組成「法門寺唐代真身寶塔地宮考古隊」，當然，考古隊的興趣，不在佛指舍利，而在七隻貯藏佛指舍利的寶塔寶盒，以及琉璃瓶、銀熏爐、青釉淨水瓶、鎏金銀龜盒，單輪十二環純金小錫杖等供物法器，手工精細，造形優美，技藝水準之高，他們稱之為「發現了一批唐代等級最高、科學價值極大的金玉稀世珍寶」。

二四、「碑林」的佛教文化

西安碑林前。

四月十九日，星期二。

上午遊「西安碑林」，原址是孔廟，現在的正式名稱是「陝西省博物館」，這是收藏我國古代名家石碑最最齊全也是最豐富的一個陳列館。此館以唐代的《石台孝經》為基礎，經宋、金、元、明、清繼續收藏，現在的規模則是民國二十六年（西元一九三七年）由名建築家梁思成的設計，修建完成於民國二十七年二月。一九八二年增建第七收藏室，加入了清代的名家石碑一千多件。

我對書法藝術純屬門外，但是對於佛教有關的碑刻，關注有加。我在碑林中，見到了久已慕名的許多石碑，例如歐陽詢的兒子歐陽通書《道因法師碑》（西元六六三年建立），褚遂良（西元五九六—六五八年）書《大唐三藏聖教序》，僧懷仁集王羲之（西元三二一—三七九年）書的《興福寺殘碑》，史維則書《大智禪師碑》（西元七三六年建立），顏真卿（西元七〇九—七八五年）書《多寶塔碑》，徐浩（西元七〇三—七八二年）書《不空和尚碑》，柳公權（西元七七八—八六五

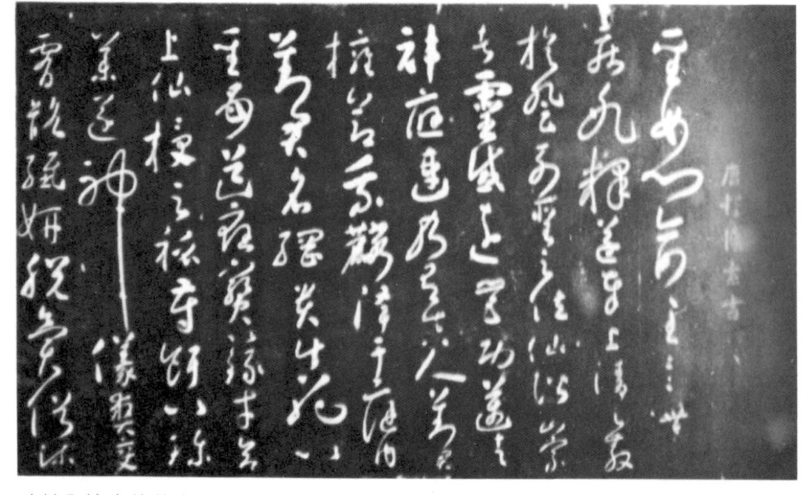

碑林內懷素的草書。

年）書《玄秘塔碑》，王羲之七代孫隋代智永禪師書《千字文》，懷素大師（西元七二五—七八五年）書《千字文》等，皆為隋唐書法大家的作品，亦係後代書法家必須臨摹的範體書法，確是由佛教文化和佛教信仰所產生的民族遺產。其中具有佛教文化史的價值，也表達了佛教信仰的傳播對於中國文化的貢獻。

二五、薦福寺小雁塔

下午三點，遊大薦福寺，也就是小雁塔所在地。此寺是唐則天武后為了追薦高宗的冥福，建於光宅元年（西元六八四年），中宗神龍二年（西元七〇六年），置翻經院於寺內，迎請義淨三藏，從事譯經，景龍年間（西元七〇七—七〇九年），建立十五級磚塔一座，高三百周尺，後世以之與大慈恩寺的大雁塔相對，稱為小雁塔。此塔曾因地震而縱裂開縫，後又接合如舊，如今最上兩層已經破損，只留下十三級了。目前仍由文物部門管理，我們也未打擾他們，巡禮之後便離開了。

至於何以稱為「雁塔」？依據《大唐西域記》卷九所載，乃是為雁立塔之意，在中印度摩揭陀國因陀羅勢羅窶訶山之東峰伽藍前，有一名叫亘娑（haṃsa）的塔，亘娑即是「雁」的梵語。也許玄奘三藏比照此塔形而造大雁塔於大慈恩寺，故名雁塔。

在印度對此雁塔的傳說，是因早年該伽藍所住僧人屬於小乘，食三淨肉。所

薦福寺小雁塔。

謂三淨，是指不見為己殺、不聞為己殺、不疑為己殺的三種肉可以食用。後來求不到三種淨肉，適有群雁飛過，有一比丘便仰頭戲言：「今日有僧缺供，摩訶薩埵宜知是時。」本來由於寺僧皆不信大乘，而戲將群雁當作大乘菩薩，既是大乘菩薩，見到有僧缺供，就該適時捨身供僧。不料此時真有一雁應聲自墜而死。比丘見此情形，非常慚懼，並且輾轉相互傳告：「此是菩薩，何人敢食。自今以後，宜依大乘，更不須食三淨肉。」乃為建塔葬之。

我們預定於下午四點十分，自西安飛往上海，結果遲至八點十分才起飛。導遊人員便帶我們參觀西城門樓，又驅車繞城一周。據說現在整修中的西安城牆，是依宋城的遺址，最近又發掘到了唐城的舊蹟。

二六、見到了親人

晚上九點三十分，飛抵上海虹橋機場。我的探親工作，也從此時正式拉開序幕。當我初到北京，便由淨慧法師轉交我一封俗家三哥寄自上海的家書，表示歡迎，並說知我已到中國大陸，使他們全家都興奮得夜不成眠，本擬到北京接機，由於路遠而人又多，故決定在上海機場歡迎。

一走出上海虹橋機場的檢查口，首先見到的是三哥的長子家生及上海玉佛寺的監院欣一、靜安寺的監院德悟、龍華寺的監院等十數位出家人，接著便是我的俗家親屬，大哥張志遠夫婦、二哥張志明、三哥張志道夫婦、大姊夫黃瑞琛，以及大哥與三哥家的兒女、孫兒女，共計三十多人。

姪輩青年我固陌生，四十年不見的同胞老哥們，我也無法於一時間喊出他們的名字。第一位被我認出的是二哥，當我用上海話叫了一聲「貳阿哥」，使他高興得老淚縱橫。

剛下飛機，大哥把我牢牢抓住，右起：大哥、二哥、作者、三哥。

跟著我便被大哥涕泗滂沱地一把抱住：「小阿弟，你不認得我了嗎？」

立即有一位老太太過來拉我衣袖：「小伯，他是你大阿哥呀！」又指著兩個站在一旁飲淚不已的枯瘦老人介紹：「他是你三哥，我是你三嫂，那是你大姊夫。」

他們已在機場鵠候五個小時，而且時間已過晚上十點，尚未吃晚餐。

我為父母及俗家親人該流的眼淚，早已流過許多，現在是年近花甲的老僧，也早有不陪他們相擁飲泣的心理準備。

當時看他們的表情，都有將我

緊緊抱住痛哭一場的衝動，我便安慰他們：「見不到面才要哭，現在我已回來跟大家相見了，應該歡歡喜喜、高高興興。」同時請他們全部到玉佛寺一起用晚餐。

從機場至玉佛寺的途中，經過靜安寺門前，心中為之一動，若非天色已晚，真想馬上要求停車進去看看。轉念之間，已過幾條馬路，便到了安遠路，進了玉佛寺大門。

住持真禪法師穿著黃海青率同十來位綱領執事，已在門內等候，還對我連聲說「失禮」，因為全寺大眾及學僧近兩百人，候我數小時，過了十點，已回寮就寢。我真罪過，深覺慚愧，憑什麼值得他們以如此的禮儀接待！好在沒有讓我見到，否則會使我為難。經過大殿禮佛，客廳看茶，丈室見禮後，進入餐廳用晚餐，始終是由明和、欣一、妙靈等侍同真禪法師陪我，此時我又想到俗家親屬三十多人，尚在寺內等我。便離席走到另一間餐室，讓他們跟我再見一次面，並請他們各自回家，約定老兄們明天再到玉佛寺相見。

今（一九八八）年七十六歲的大哥，聽我說要他們走，便又激動得泣不成聲：「弟弟啊！好不容易見了面，從現在起，我是打定主意，你到哪裡，我就跟到哪裡了。」

我問玉佛寺接待人員，能否臨時給我大哥一個房間？回答是：「房間是有，不過今晚還是請他們先回去，明天晚上再說。」其實在今日的大陸，要想臨時在賓館找到房間不太容易。

二七、上海玉佛寺

上海玉佛寺並非古寺，倒是名刹，乃係清代光緒八年（西元一八八二年），有僧人慧根，自緬甸請回坐、臥姿的玉佛各一尊，募地籌建，占地十二華畝，房屋二百九十九間。漸漸成為上海的名刹，文革期間未遭大破壞，故於毛澤東時代之後，也是上海最早恢復的一座佛寺。

四月二十日，星期三。

上午參觀玉佛寺各殿堂，到處擠滿了人，據說那些都是外地及海外歸國的旅客，對當地人，每月只開放兩天，而且要買門票。

玉佛寺每天也有好幾堂佛事，故有不少桌的素席營業。寺內設有貴賓招待所，由俗人經營，對象多半是僑胞或僑眷。一般本地人是很少做得起佛事的，大陸的黨員和幹部，更不用說，是不許信仰宗教的。目前上海也僅三數座寺院做佛事，以全市人口而言，根本不成比例。

我也參觀了設於玉佛寺的「上海佛學院」，分作預科、正科、研究的三個班級上課，相當於初中、高中、專科的程度，每班各修學二年，並在榛苓街的慈修庵，設有尼眾班。每班有二十多名學生，師資及課本相當缺乏，高班畢業同學，便為低班授課。老一輩的法師凋零殆盡，最年輕的也已六十歲上下。希望大陸佛教出現僧中人才，大概要到十年之後了。

中午，真禪法師請我們吃飯，相當豐盛。

二八、上海靜安寺

下午二點，訪問靜安寺。這是我學僧時代的母院，一九四九年五月離開之後，經常懷念著，但它在那之後，曾經改為倉庫。

一九八三年我有一位日本同學桐谷征一先生，訪問上海，特別為我去靜安寺探視，當時寺前尚掛著倉庫的牌子，對外不開放。兩年前始發還佛教，請淦泉法師任方丈，又改聘度寰法師為住持，今（一九八八）春三月十五日，度老以八十四高齡捨報往生，現在則由德悟法師任監院，兼代住持職。

昔日母院的同學，中定已捨僧為俗，仍在寺內負責總務，養凡則在寺內做佛事，覺凡與廣興，均在玉佛寺，悟忍住龍華寺，我僅見到其中三位。

靜安寺的大殿失火燒毀，正在重建中，暫以天王殿作大殿之用，其他廳堂房舍，除了學僧寮已被拆掉之外，未有改變。方丈室樓上，設了持松法師的密壇兼紀念堂。住眾十數人，均係五、六十歲的老僧，仍以經懺維持門庭。唯當年的課堂已改為做佛事的往生堂；寺前路中的古井已被填平，井邊的仿阿育王石柱，也不知去向。數十年前的回憶，一時頓現，頗有如幻似真的感觸。

我們到客廳小坐之後，即在德悟法師引導下，舊地重遊，參觀了寺內的每一棟殿宇房舍。靜安寺的歷史，我已在《歸程》一書中介紹過。德悟法師的名字，亦見於該書。

在上海靜安寺新大門前。

靜安寺有兩個並行著開於街邊的大門。右邊一個是老大門，進門直通天王殿，經過丹墀，便是大雄寶殿，往年的學僧寮，即位於天王殿與大雄寶殿之間，丹墀兩側的兩長條廂房。由左邊新大門入內，共有三進三廳，兩旁是廂房，後廳即是方丈室的二層樓房。大廚房即在方丈室左前側。在老大門與新大門之間，則有兩殿一進，往年佛學院時代，前殿是教室，後殿是齋堂。往年老大門的門房門樓，改作診療所，如今已封閉，僅由新大門出入。我們學僧時代，每日清晨即在新大門內的大院子裡，由武術老師帶著比手畫腳地練拳。

二九、浦東的大哥家裡

大哥家與長嫂及三位女兒。

靜安寺出來，即去浦東，探訪大哥的家。

大哥本名張志遠，由於家貧又未受過學校教育，從小務農，青年時代做散工，後在上海擺豆漿攤，當我離開大陸之後，大哥即由朋友介紹，去浦東的農家入贅，更改姓名為黃敬德，育有女兒三人，都已成家，其中之一，也是招贅。

浦東即上海市的郊區，位於黃浦江之東，本係江南富庶地帶，現在是輕工業發展區，成為上海市的衛星鄉鎮。可是大哥家裡，依然貧窮，廚灶餐具，寢室臥具，還停留在五十年前佃農生活景象。雖然他們有一位女婿，已當到一家工廠的廠長，並有汽車代步，月入四百元人民幣（相當美金一百一十元），卻無助於大哥家的生活改善。

實則今日大陸的青年子女，知道孝養父母的不多，「孝順」乃是舊道德，早在文革期間已被廢除了的。據說近兩年來，因知大哥還有一個遠在臺灣和美國的出家弟弟，周遭對他的反應已在好轉，這回我親自到他家裡探訪，雖未預先告知時間，還是轟動了他的附近鄰里，甚至他們的區長，透過他女婿的關係，要求見我一面，我卻說：「回來只為探親，多給我大哥照顧就夠了。」第二天大哥告訴我，他在一日之間，好像身價高了幾倍。

大哥家的廚房。

三〇、龍華寺

四月二十一日，星期四。

上午九點半，由玉佛寺出發，訪問上海唯一的尼眾道場，榛苓街的慈修庵，住持是福建籍的觀性比丘尼，已近七十歲，庵中除了佛學院的二十多位尼青年，也住有七、八位老年尼師，以經懺及香火維持門庭，顯得範圍狹小而特別擁擠，據說正在交涉收回隔鄰的沉香閣，如能成為事實，便可有較大的空間了。沉香閣，原是華嚴座主應慈老法師的道場，南亭長老在到臺灣之前，也曾駐錫該處。

中午參觀龍華寺，方抵三門，便聞大殿的鐘鼓齊鳴，我便對迎接我的寺主明暘法師要求：「請把我當作普通遊客，否則我就不進去了。」結果鐘鼓停止了，我也未登大殿禮佛。龍華寺前，八角形的七層寶塔，依然屹立於碧空之下，已經修復，並開放給遊客，購票登塔，遠眺市景。寺內寺外，正在準備一年一度的廟會，攤位棚架已搭好。

查考龍華寺的歷史，最早的傳說，與靜安寺相同，說是三國時代吳大帝赤烏五年（西元二四二年），康僧會留錫此地，孫權為之造寺建塔，供佛舍利，賜名龍華。又有傳說，唐僖宗乾符二年（西元八七五年），龍華寺塔，毀於黃巢兵火。然有確實的史料可考者，則為《紹熙雲間志》及《至元嘉禾志》所載：「空相寺，張仁泰請錢忠懿王，始建舊稱龍華寺，北宋英宗治平元年（西元一〇六四年）改今額。」錢忠懿王，是五代時的越王，初名錢弘俶，趙宋太平興國年間（西元九七六—九八四年），獻其所管十三州，被封為鄧王，死後諡號忠懿。可見此寺初建於唐末五代。

依據《嘉靖上海縣志》，謂法雲普筠是龍華寺的開山之祖，經宋、元兩朝，至明之永樂年間（西元一四〇三—一四二四年），予以重修，而將空相寺恢復龍華寺的舊名，明世宗嘉靖三十一至三十五年間（西元一五五二—一五五六年），曾遭倭寇侵攻，自此風雨交蝕，塔圮殿傾。至明神宗萬曆二年（西元一五七四年），頒授「大興國萬壽慈華禪寺」額，並應住持僧達果之請，賜《藏經》七一八函五〇四八卷，董其昌（西元一五五五—一六三六年）為作〈大興國萬壽慈華禪寺建藏經閣疏〉。後經明神宗萬曆四十六年及清世祖順治四年（西元一六四七年）之重修，迄

上海龍華寺。

清文宗咸豐三年（西元一八五三年）觀竺禪師全部重建，號稱該寺中興之祖，目前寺內庭院，仍有一叢當年栽植的牡丹，我們到訪之時，正值盛開季節，標名「百年牡丹」。

可是洪楊之亂的太平天國，便是成立於咸豐元年。咸豐三年，已占領了南京，至清穆宗同治三年（西元一八六四年），洪秀全自殺身死的十五年之間，蹂躪了十八個省，因其信奉上帝為天父，稱耶穌為天兄，仇視佛教，故太平軍所經之處，寺宇無不被毀。重建的龍華寺，自亦未能倖免。嗣後由觀竺禪師的弟子們，承師遺志，自清德宗光緒元年至二十一年間（西元一八七五——一八九五年），先後再建大雄寶殿、方丈室樓房、金剛殿、三聖殿、彌勒殿、伽藍殿、客堂、齋堂、觀音殿、地藏殿、祖師殿、五百羅漢堂等，完成了江南有數的大寺院之景觀。

自民國革命以後，軍隊多喜占駐寺院，受到相當的汙損，民國二十三年（西元一九三四年），由住持性空禪師之努力，寺容為之一新，未久之間，中日戰爭爆發，又為炮火摧毀，再度化為斷垣殘壁。戰後勉強修復，僅堪使用，並於民國三十七年（西元一九四八年）春期，傳了一場三壇大戒，只以我當時尚未滿二十歲，不足受戒的合格年齡，否則我也幾乎成了龍華寺的戒子。

龍華寺最為仕人熟悉的一幅「七層寶塔人天近，十里桃花色相空」的對聯。民國三十七、八年間，寶塔已因破舊危險而關閉，並且也有「龍華的桃花已搬了家」的歌詞流傳市井之間，但那時雖已無十里桃花的風光，仍有桃花可賞是真的。這次重遊龍華，塔雖可登，我已年老體衰無力攀臨，正值桃花季節，竟未見著桃花。殿堂規模如昔，全寺的聖像祖像，則悉數毀於「十年動亂」的紅衛兵之手，近年重新趕工塑造的，顯得粗俗而少靈秀之感。

該寺現住僧眾四十多人。我在此寺見到了好多位八十歲以上的老比丘，也找他們之中的一位談了幾句。在今日的大陸，若非指名做預先安排，想要臨時找人談話，是很難的，特別是老年人，都還是小心翼翼，不敢多言多事。

龍華寺也正在趕建賓館，準備迎接海外的遊客及僑胞。在寺中過午，他們招待得十分慇懃。樓上的餐廳生意鼎盛，好像不是海外遊客，便是地方各機構的幹部，以致明暘法師幾次離席，去跟那些「要緊」的食客，「逢廟燒香，見像拜佛」。由此看來維持一個道場，真是不容易。

三一、狼山下院今何在

下午，安排我們去訪問圓瑛老法師創立的道場——圓明講堂。也是明暘法師擔任住持。文革期間，遭到重大破壞。現在這座兩層樓的建築物，樓上闢作圓瑛法師的紀念堂，陳列圓老的墨寶遺作、遺物、照片等。樓下則撥交居士林使用，當天正有八位老年居士，在那裡誦經共修，做追薦佛事。最怪的是，這兒的浴廁便是廚房，其可用的空間之小，可以想見。

從龍華寺至圓明講堂的途中，車子經過江蘇路，原名憶定盤路，曾是我狼山下院大聖寺的所在地，到了巷口，我希望下車看看，陪伴的人員卻說：「沒有什麼好看的，那是一個工廠。」車子瞬息開過，我在車上，悵然若失！頓時時光倒流了四十多年：我在這條路上，這個巷口，日行夜行，朝出暮出，跑佛事趕經懺，不分晝夜地穿梭往返於大聖寺與殯儀館之間。當我回到現實，再問：「那麼，這附近還有幾家殯儀館呢？」

回答是：「早已沒有了，你問那做啥？」

「我少年時代，在這座小廟住過，在那幾家殯儀館做過不少次的佛事。」我說。

「哦！」好像他在驚奇我還想回到上海，回到大聖寺再去做那幾家殯儀館的佛事哩！

有關我在上海趕經懺、做佛事的情況，請參閱《歸程》一書。

三二、上海三哥家

在三哥家，右起：三哥、大哥、作者、二哥、大姊夫。

從圓明講堂出來，便去探訪住於南市區南車站路的三哥。其實他們一家人，自我到達上海之後，多半都在跟著我走。他們的家，委實窄得可憐，一間丈餘大小的房子，前頭的三分之二闢作麵食店；中間擺一張長方桌，四周七、八把木椅，牆角一口燒煤球的小竈，是我三嫂以個體戶的方式，做為謀生行業的店面，也是他們家的客廳和廚房。裡面三分之一，僅容一個床位，隔作上下兩段，上層是他們最小兒子的臥鋪，都已二十七歲，因為沒有房子，迄今無法結婚。下層是我三哥、三嫂的臥鋪，

三哥家與全家老少。

鋪下是他們全家的藏物庫，鋪前的裡側是一只馬桶，便是他們家的廁所。

那幾天為了迎接我，麵店雖然停業，由於我的到訪，他們兒女及孫兒女近二十人，都回到了他們的這間「老宅」，加上一些看熱鬧的芳鄰，簡直擠得水洩不通。應姪輩的要求，我在他家寫了幾幅字，留作紀念。又應他們的要求，到附近的姪兒女家裡走了一趟，每個家庭，都是房小屋窄，家具簡單，倒也看來相當乾淨。因此每到一家，都會聽說：「房屋緊張」。其實目前物價上漲而工資未增，他們的生活物資，也都非常「緊張」。

我的三嫂緊緊跟在我的身後，一次又一次地向我訴說：「我嫁你們張家來，四十多年，辛辛苦苦，為你們張家生養了四男一女，個個成人了，今天爺叔回來看看，還滿意嗎？」她好像是說，勞苦四十年，全是為了我們張家，如今傳宗接代，後繼有人，我這個為人子而無嗣的和尚阿叔，應該感到欣慰。

她怎麼會清楚我這個和尚阿叔對於「傳宗接代」的想法，又是什麼呢？我只好向她微笑，說聲：「阿彌陀佛，妳辛苦了。」

三三、我的禮物是佛法

四月二十二日，星期五。

連日來的活動行程，排得都很緊密，隨行的三位居士，想要輕鬆一下，由我的姪女及姪兒分批陪同，去逛上海的大街，去遊覽黃浦江的風光，我則留在玉佛寺的賓館休憩。

下午三房的大姪女張洪芬，一家三口為我送來一袋柳橙，接著她的大弟及母親，大哥及其大女婿等陸續在我的房間內出現。大家問我，要些什麼樣的物品帶回美國。

我知道大陸的物資奇缺，即使有較好的，也得用「外匯券」到友誼商店，始可買到，以人民幣只能買到次級貨，根本買不到像外銷日本、美國和香港等地區的大陸產品。所以我不僅不準備接受他們的任何禮物，即使攜帶自用的，沿途購得的、接受餽贈的日用品、藥品、食品、補品等，都分給了年老的大陸親人。

因此我說：「國外不少用的東西和吃的食物，如果一定要送我什麼，我希望要的是用你們虔誠的信心，平常多念南無阿彌陀佛，或是念南無觀世音菩薩。」

「這是肯定會的。」大家一致答應了我的要求。

趁此機會，我便告訴他們：「我是童年就出了家的人，所以跟你們的想法不同。你們當然還是我親人，否則我也不會回到大陸來探親，不過我既早已出家，故請大家勿再用俗人的稱呼及俗人的禮儀來接待我。以後請阿哥稱我為聖嚴法師，姪輩稱我為師父，孫輩則稱師公。我這次帶回來的最好禮物，不是物質，而是佛法，如果因我的回來，大家都能信佛念佛，便是你們最大的福氣，也是我最高的願望。」

他們立即告訴我，三嫂經常帶著她的孫兒女到龍華寺，燒香拜佛，姪兒女們也馬上改口，稱我師父。此後數日，跟他們相處時，便常以佛法相勸而少談俗家的俗事了。

晚餐之前，三位哥哥和一位姊夫，都到了我的房間，好像都有很多的話要向我傾訴，但又不知從何說起，大哥直流眼淚，口中念著：「往後你能常常回來嗎？」二哥也陪著啜泣：「不論如何，你這趟回來，已使我打起勇氣，帶來希望，至少可以多活五年。」

三哥已哽咽不能成聲：「這四十年來，全家日盼夜盼，你終於回來了，我們再苦，還有家人互相照顧，你一人在外，是怎麼過來的呢？」

大姊夫也是眼睛紅紅地，眼角濕濕地：「你還記得姆媽忌日嗎？爺是哪一年去世的，你大概還不清楚吧？你大姊在五年前，也拋下我們先走了。臨終之前，她也數度念著失蹤三十多年的小兄弟。」

我默默地聽著，心緒也在波動，未作半聲回答，只感到兩眼也有點朦朧，畢竟尚未解脫。這種不能自主的親情流露，使我憶及我在《歸程》第五章〈哀哀父母〉之中經驗到的情景，那時是為回鄉探慰母病，現在則回鄉探望都已是風燭殘年的幾位胞兄。

然我立即警覺，我是回鄉來勸化親人信佛念佛的，豈能反被親情所動？豈能讓一僧四俗，五個老漢，哭作一團？因此我說：「我很忙，不可能常常回來。我們出家人有出家人的生活觀念和生活方式，故請不必為我掛心。倒是你們幾位老哥，年事日高，要自求多福，要注意身心健康，平安就是幸福，知足即有快樂，並且信佛念佛，保佑你們康樂長壽，接引你們往生佛國。大家都生佛國之後，我們就可天天見面時時不離，永遠團聚在一起了。至於父母的生歿年月日，我是希望知道的，唯以佛法的觀點而言，縱然不知，若為他們做誦經布施等的佛事，只要心誠願切，便能使他們超生離苦。我在海外，除了曾為他們擇日誦經及請大德僧眾，設放瑜伽焰口之外，每逢清明及中元，都為他們立牌位超度，我於每日的恆課，也給他們迴向。只是父母在生之日，我未盡到人子奉養之責，好在有你們哥哥、嫂嫂、姊姊、姊夫，照顧了父母，我要誠懇地在此說聲感謝。」

三四、長江輪上

當晚十點，從上海的外灘碼頭，乘長江渡輪的臥鋪，溯江而上，向南通出發。船票分有二等、三等、統艙的三級。在今日的中國大陸，雖說「人民第一」，階級觀念卻極深，火車的軟臥及船位的二等艙，除了外賓、僑胞、臺胞，唯有十三級以上的幹部，如市長、縣長及大學教授，才夠資格享受，一般的市民是買不到票的。

上了船，我們住進二等艙，兩張床位一個房間，且有椅子及熱水瓶，燈光也較明亮。我那四位老哥，只好鑽入三等艙的硬鋪位去。雖在一九四四年十月，我第一次從南通到上海，也是乘的那種三等艙位，一九四九年五月，我從上海到臺灣，乘的輪船，根本沒有臥鋪，實則比長江渡輪統艙的條件還差得多。如今我享受軟鋪，同胞的老哥們睡硬位，卻仍覺得心有不忍，情有不平。

在房中剛把行李袋擱好，就有一位二十多歲的男服務員進來，非常客氣地說要為我們換上乾淨的床單，又說若有任何需要，均可隨時告訴他代勞。又說最近上海的甲型肝炎猖獗，許多船上的服務員請了病假，以致他一人要兼數職，服務不周之處，尚請我們原諒。最後則向我們要求：「既然享受外賓待遇，身上一定帶有外匯券，因我愛人（太太）每天吵著要買一輛新型的腳踏車，用作代步上班，需要以一百多元的外匯券去購買，出門靠朋友，就請你朋友幫個忙了。」當時我未加可否，他出去轉了一圈，又來重複訴求。

他的意思是向我兌換外匯券，只有用外匯券，始可買到他想買的東西。所謂「外匯券」，是與人民幣同值，但有不同的作用。國外旅客入國後先用外幣兌換外匯券，照規定不得直接使用外幣，也不可使用人民幣，帶進大陸的外幣，先換成外匯券，以外匯券可在友誼商店買到國內人民買不到的外銷物品。國內的大陸人民，若想買到高級的外銷物資，就得先用人民幣向外來旅客兌換外匯券。故在今日的大陸，有不少人專做外匯券買賣的生意，上海人叫他們作「黃牛」，北京人稱他們為「倒爺」。

三五、南通的狼山

四月二十三日，星期六。

經過七個小時的航程，於凌晨五點，船靠南通港碼頭，對我而言，這是一個陌生的港口，過去我只知道南通有任家港及天生港。現在的南通港，與內陸的運河相連，交通比五十年前已有改善。

剛步上船橋，已見到狼山廣教寺的監院月朗法師，帶著一位年輕比丘知客師錦榮，在船下的碼頭上迎候，他們備有一大一小的兩輛客車，立即把我們送到市區的賓館天南大酒店。早餐後，駛往闊別整整四十二年的狼山。

狼山海拔一百零六點九四公尺高。據《狼五山志》卷一云：「高五十三丈，周四百八十六丈，峭拔谽岈形如狼，或傳有白狼居之故名。宋淳化中，邑長楊鈞上書，乞改狼為琅。」又以山石呈紫色，亦名紫琅山。

狼山位於南通市的南郊九公里處。其實該一區域，共有五座山，右有黃泥山及馬鞍山，左有軍山與劍山，狼山居中，靈峰獨秀，乃是五山之主，地方誌雖五山並列而獨鍾狼山勝景。江蘇一省的江北地區，北自徐州南迄崇明，除了連雲港的雲台山，僅此南通有五山，故被古來的兵家視為天然的江防要塞，又為蘇北的民眾看作佛教的敬香聖地。

關於狼山的建築、狼山的傳說、狼山的史料，我在《歸程》第四章中，已介紹了不少。去（一九八七）年于君方教授從中國大陸研究考察回美時，為我在北京的廣濟寺，影印了一部四卷的《狼五山志》，當禮物送給我。其中有些資料，是我從前未曾

從後山所見的狼山。

見過的。這部書完成於明末神宗萬曆丙辰（西元一六一六年），作者於越王揚德（號心抑），不是佛教徒，而是同情佛教的朝廷武官，官職總兵，萬曆庚戌（西元一六一〇年）登武第，旋受命「總白狼水犀」，狼山為東南第一要塞，部下精甲，冠於江北，公署狼山，因修《狼五山志》。第一卷是：山

圖、形勝、山川、古蹟、建置、物產、名賢、仙釋、靈應、祀典、事紀。第二卷是：五言律、七言律。第三卷是：五言古、七言古、五言排律、七言排律、五言絕、七言絕、狼五山賦、萃景樓賦。第四卷是：碑、記、傳、序。以此目錄可知，此書是以相關五山的文獻為主，有關佛教的史料，並不充足。

狼山廣教寺全景。

迄宋為止，五山皆在江中。北宋真宗時（西元十一世紀初），狼山北側始與陸地銜接，到了明末萬曆年間（西元一五七三——一六一九年），狼山的南側正面，尚與江水為鄰。直至清聖祖康熙末年，五山中的軍山，最後與陸地毗連。嗣後漸漸登陸，離江日遠。民國（西元一九一二年）以後，這段長江的南北兩岸，又開始一漲一塌，江北塌沙，江水再度接近到狼山前面的兩公里處。目前據說已以現代科技的築堤方法，暫時阻擋了滄桑迅變的自然現象。

誰是狼山的開山始祖？以信仰中心而言，乃是來自西域的神異僧，泗州僧伽，在《宋高僧傳》卷十八，載有〈唐泗州普光王寺僧伽傳〉；並附其弟子，木叉、慧儼、慧岸三人的事蹟。《狼五山志》卷四，則收有江淮制置發運副使蔣之奇寫的〈泗州大聖明覺普照國師傳記〉。我曾在《歸程》中提到，狼山大聖的左側，侍立其弟子木叉塑像，與《宋高僧傳》的記載相符。這次回狼山時，見到大聖的右側，也有慧儼的立像，此亦與《宋高僧傳》所記有關：「弟子慧儼，未詳氏姓生所，恆隨師僧伽，執侍瓶錫，從楚州發至淮陰，同勸東海裴司馬妻恪白金沙羅而墮水，抵盱眙，開羅漢井，宿賀跋玄濟家，儼侍十一面觀音菩薩旁。」（《大正藏》五十．八二三頁中）

照理既有弟子三人，應有三人的立像侍立於大聖的左右，唯於向來的佛像陳列，皆以一主兩伴為準，比如西方三聖，是一佛二菩薩；釋迦三尊，是一佛二弟子；中國的地藏菩薩，也是一主兩侍。因而大聖僧伽，也就以兩位弟子為脇侍了。同時《宋高僧傳》對於慧岸的事蹟闕如，也是未立塑像的原因之一吧！

然而實際上，尚未見到僧伽大師在世之時就到過狼山的記載。狼山真正的開山祖師，乃是知幻禪師，知幻究竟是哪一時代的人物？能夠見到的資料不多，且在《狼五山志》的第一卷中，便有先後矛盾的記載，現在抄錄如下：

大聖菩薩新塑像與慧儼、木叉二脇侍。

幻山主名知幻，宋臨沂人，姓田氏，早肄進士業，讀《楞嚴經》有悟，嘆曰：世榮雖樂，終不若無為之長久也。遂棄所愛，落髮修三摩地法。太平年間，有高僧率眾，請幻主狼山廣教禪院，造大聖塔，自為偈曰：當初不肯住長安，現相西歸泗水間，今日又還思展化，東來海上鎮狼山。人讀之，知其為僧伽之後身云。（《狼五山志》卷一．三十頁）

唐總章二年，僧知幻、郡人姚彥章等，建大雄殿（即廣教禪林），藏經樓（一名鹵雲閣），大悲、輪藏二殿，並山門、方丈、山頂浮圖五級，名支雲塔（舊時狼五山俱在海中，用舟以濟，其寺為慈航院，嗣後山背沙漲成途，與州城接壤）（《狼五山志》卷一．四十頁）——上引圓弧內的文字，係該書原有夾註。

「總章」是唐高宗年號，其二年即是西元六六九年，據《宋高僧傳》載，僧伽大師於唐高宗龍朔初年（西元六六一年），「始至西涼府，次歷江淮」，至唐中宗景龍四年（西元七一〇年）示寂。也就可以看出，如果總章二年即到狼山建寺的人，應該是僧伽大師本人，而不是知幻禪師。然於《宋高僧傳》只說他到過江淮地區，未說在狼山建寺。雖然後來有人讀到知幻的留詩，認為知幻即是僧伽之後身，然在總章年間，仍應是僧伽，而非知幻。

綜合以上兩節文字，可以推知：知幻應係宋代的臨沂人，臨沂是山東省的縣名，他在遼聖宗的太平年間（西元一〇二一—一〇三〇年），或係北宋太平興國年間（西元九七六—九八四年），應邀至狼山主持廣教禪院，並為僧伽大師造塔於山頂。在知幻禪師主持狼山之時，已建成的殿宇，當有大雄殿、藏經樓、大悲殿、輪藏殿、三門、方丈，以及支雲塔，除了寶塔建於山頂之外，餘皆位於近水的山麓。這些建築物，在「文化大革命」期間，曾遭無情的摧殘，如今已修復舊觀，改名為廣教寺的「法乳堂」，大雄殿原有巨型釋迦像、海島觀音、十八羅漢，均被毀於文革的紅衛兵之手，如今改供小尊釋迦像，兩側壁面，嵌有現代南通籍名畫家范曾所作歷代十八高僧燒瓷壁畫。由其所選十八位高僧，亦可窺知他們今日的佛教所寄之為何。依次是：安世高、道安、鳩摩羅什、法顯、慧遠、智顗、吉藏、玄奘、道宣、法藏、菩提達摩、惠能、善無畏、一行、鑑真、懷海、敬安、弘一。自唐末至清末，竟無一人入選。現代人之中的太虛、虛雲、印光，均遭遺棄。想必是重視文化更過於重視宗教的原因吧！

知幻禪師的事蹟，未見於《高僧傳》，《狼五山志》所見，亦僅寥寥數語。為紀念知幻禪師開山功德，在大雄殿正後方山坡上，建有「幻公塔」，迄今猶在。

從《狼五山志》的資料所見，明朝以前的有關文獻，相當缺乏，敘其興廢，比較詳細的，乃是收於該書第四卷的〈重修狼山寺記〉，係南通鄉紳大司馬顧養謙寫於明神宗萬曆四年（西元一五七六年），文中的資料，除了採入上錄「唐總章二年，僧知幻、郡人姚彥章等」始建廣教寺的一段文字之外，皆為發生於明代的記事。後為《狼五山志》的編者，整理成為另一篇紀錄，名為〈紀創繕〉，收於第一卷。茲將其興廢過程，摘錄如下：

大明景泰庚午（西元一四五〇年），州守孫公徽，重修各殿。

成化十六年（西元一四八〇年）寺災、塔毀。十八年，戶侯王綱、僧德清，募建狼山大聖殿，復修支雲塔、大悲殿、輪藏殿、半山亭。

正德十六年（西元一五二一年）大聖殿及塔被災，十七年建江海神殿。

嘉靖元年（西元一五二二年）建金剛殿於狼山南麓。四年復建僧伽（大聖）殿於山頂之塔後。十年州判官高公節，建四賢祠，以紀念與狼山有關的范仲淹、胡安國、岳飛、文天祥。十七年郡人李安尚等募修寶塔。十八年州同知舒公纓，建萃景樓、振衣亭、少憩亭。三十八年江神殿災，振衣亭毀，四十一年重修江神殿。

隆慶三年（西元一五六九年）塔壞，僧圓守募修，並設置五山書院。

萬曆二年（西元一五七四年）因風雨毀寺殿。四年，鹽院王公曉、海防按察使程公璧，州守林公雲程，重修殿宇。三十年重修藏經閣及大雄殿。四十三年，總兵張公彥芳，重修關神廟。

天啟六年（西元一六二六年）總兵王揚德，新建雄跨亭於山西南，建濯足亭於金剛殿西。建王靈官祠於山右之老虎堂。

與山頂諸執事合影，正後為支雲塔，左為大聖殿。

崇禎元年（西元一六二八年）建軍山寺於軍山之巔。

從《狼五山志》所見狼山的殿宇建築，初在山南正面的山麓，次至山頂的支雲塔、江神殿、大聖殿、萃景樓，以及山腰的半山亭、四賢祠、關神廟。迄明末為止，尚未見到福慧庵、白衣庵、鼎興庵，以及我出家的法聚庵之記載。無怪乎文革之後，重新修復的狼山，將法聚庵改成素菜館，白衣庵、福慧庵及鼎興庵，已不見蹤影，連關神廟也不復存在。

這次見到的狼山殿宇，由三門拾級而上，兩側是大悲、輪藏二殿，正面是大雄殿改名的法乳堂，其右側原是三元宮，現在與狼山小學合併，包括藏經樓，皆屬法乳堂的範圍。向上是幻公塔，塔左是原為法聚庵的素菜館。塔後是新建的明碑亭、康熙碑亭，往上是已用作倉庫的四賢祠，再往上便到山頂部分，依次是觀音台、靈官殿、萃景樓、慈善門、江神殿、支雲塔、大聖殿，只是靈官殿已不見靈官像，江神殿也不供江神像了。萃景樓本為念佛堂，現已改作貴賓接待室。大聖殿後本有文昌殿，現在的殿址已被電訊單位所建發射台的天線柱占用，那根天線柱，比支雲塔還高出三分之一，喧賓奪主，非常刺眼。

三六、我是狼山的孤僧

從狼山的殿宇名稱看，例如關神廟、靈官殿、江神殿、文昌殿等，乃與地方性的香火道場同一類型，仍介乎民間信仰與佛教信仰之間，民國九年（西元一九二〇年），張季直狀元，請太虛大師到狼山講〈普門品〉，有意整頓狼山道場，擬改子孫寺院為十方禪林而未果，大陸被統治四十年後，狼山七個房頭，僅存其二，而已合為一寺，狼山的老僧，尚健在人世者，只得育枚、自覺、宗律、俊德、演誠等五人，全山現住五十來位僧眾，其中多半是來自南通地區的原有各寺，如今集中於狼山一寺，加上十來位文革以後剃度的青年比丘共住，狼山實質上業已不見子孫寺院的型態。

狼山腳下，舊日的砲台街數十家香燭店，已全部拆除，並且開鑿了一條明河，沿河新栽的桃花成行，正值盛開季節，狼山已是公園的形式，大門即是園林部門所管理。購票上山的人，每天約兩至三萬人，其中是為進香祈福的，不足十分之一，

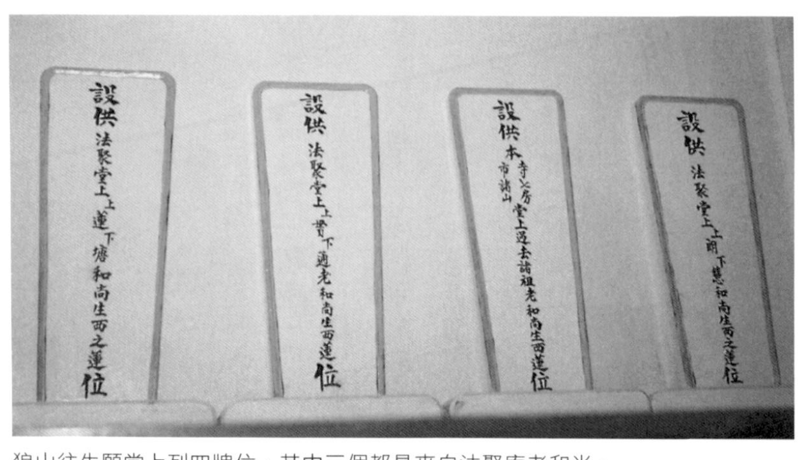

狼山往生願堂上列四牌位，其中三個都是來自法聚庵老和尚。

昔年上山的人是為燒香，目前上山的人多為旅遊，大聖殿上仍是擠得只見人頭攢動，多半卻是為看熱鬧。實際上，這像是個「沒有煙囪的工廠」，不能算是佛教的聖地和弘揚佛法的道場。

因此，我在四十多年來，雖然經常魂繫夢縈地懷念著曾在狼山出家的殊勝因緣，這趟回到狼山，竟無回到老家的感受。我住過的法聚庵，已非道場，法聚庵的五代老僧，均已作古，較我略晚出家的徒弟清華，已現俗相。如果我還是狼山僧，則已無祖庵可棲，向上無師可依，向下無徒為繼，真是一介孤僧！

我逐級走在狼山的登山道上，愈發覺得自己是在觀光客的人潮中，孤獨地夢遊。

到了山頂，我被引至供著觀音像的偏殿，

發現觀音像後供著上、中、下三排黃紙牌位，我不等他們說明，已知道這是什麼地方，立即老淚縱橫地頂禮三拜，抬頭看見中排四個牌位，竟有三個是我法聚庵的老和尚，他們是我師祖貫通、師公朗慧、師父蓮塘。還有更老的兩代，也許去世得更早，所以未見他們的牌位。

狼山師長對我未有多少培植，但是由於他們能夠度我出家，並且肯送我去佛學院，始有我的今日，那已經是大成就、大栽培和大恩德了。可是我這次回山，只有默對三個牌位念佛，連說一句謝謝的機會都沒有了。

這兒，是我走上佛

與狼山方丈（昔年靜安佛學院的教務主任）育枚長老。

學之途的起步之處，現在，那幾位曾經攙我學步的老和尚在哪裡呢？據說，貫通老人已經還俗，在工廠做工三十多年，最後回到狼山去世；朗慧老人在大陸被統治後不久，便以勾結日軍等罪名，判刑十七年，被送新疆勞改，結果死於該地；蓮塘老人被找回狼山時，已經老病，到去（一九八七）年十一月，以哮喘病併發症捨壽。

山頂下來，在法乳堂過午，菜式豐富可口。住持育枚長老，今（一九八八）年七十九歲，患著嚴重的腳病，已是寸步難行，好在耳聰目明，憶舊如新，聲音宏亮，氣宇豁達。本在醫院療養，見我到訪，歡喜非常。自覺長老原是四賢祠的當家，四十多年未見，對我印象模糊，卻親筆寫了一副對聯送我，筆跡蒼勁，頗有功力，可惜落款時，將我的名字誤寫成「聖然」。宗律是育枚老的徒孫，也有七十來歲，俊德、演誠，是我同輩而較我略長，亦都六十開外，他們三人，只能記起我在狼山時代的一些片段。已結婚生子的清華，始終跟我身邊，心情極其凝重，我在山頂三位老和尚的牌位之前，流過眼淚之後，早已恢復平靜，而且談笑自若，他卻老像是把我當作從海外回來奔喪的長輩接待。

我在現已改名為「紫琅園」素菜館的法聚庵，巡禮了一遍，房舍全部都在，只是缺少了五位老僧，也撤除了所有的佛像。庭苑中不再有花木扶疏的盆景，也少了儲蓄雨水用的數十口大缸，曾是我習誦的老佛堂，改成了販賣部；曾是我朝暮課誦的新佛堂，已改成第二食堂，稱為「北餐廳」；原來的大客廳及住持寮，現在是大餐廳；曾是我臥室的小廂房，門窗關閉，闃無人影；我曾經蒔花、種菜、澆水、除草的後苑，蔓草叢生，一片零亂。我一面參觀，一面心痛如絞。為什麼昔日的僧院，變成了今日的餐館？跨出門外，想到門側原有一座法聚庵的祖師塔，察看之下，已經不在。只是法聚庵前的幾棵老銀杏，好像別來無恙。我問清華，他憂戚地回答：「銀杏少了一棵，祖塔已被拆除。」

到此，我的心念，反而轉了方向。佛陀不是早就說過的嗎？「諸行無常，諸法無我。」狼山的道場，從無而有，從有而無，已歷劫數次。歷史的展延，或有相似的軌跡可循，既然諸行無常，我們就不可能遇見完全相同的事物，也不可能回頭走上完全相同的路。只要我們自身時時腳踏實地，全力以赴就好。祖師開創道場，未必是為了後人給他起塔，整個的三千大千世界，都逃不出成、住、壞、空的四大過程，何況是祖廟及祖塔。問題是在有沒有人能在破壞了的廢墟之中，再把它們重建起來？不僅要重建，而且要建得比往昔更多、更好。

三七、小海鎮的大姊家

下午二點，離開狼山，去探訪住於南通市小海鎮的大姊夫一家人。因我俗家在民國二十年（西元一九三一年）以前，本住南通境內的長江江濱，我母親的娘家，也是住在離狼山約八公里處的小海鎮。

這次我在那裡，不僅見到了大姊的五個兒子兩個女兒，以及他們的第三代，也會見了兩位表哥、兩位表姊和他們的配偶及其兒女，總共約五、六十人。這些人之中，有的是在五十年前見過的，名字依稀記得，面貌已無印象。四十五歲以下的晚輩，當然不認識，即使我的大外甥女，曾經和我同上初級小學，相見時也不相識，若非大姊夫介紹，驀然間真的無法相信，那位已做祖母的矮老太太，就是當年的外甥女。她倒還記得：民國三十二年（西元一九四三年）冬天，我母親從江南來狼山看我之後，我也陪著母親去小海鎮的大姊家走了一趟。她說：「那次小舅舅見到我捉到一隻跳蚤，快要被我掐死，便教我念阿彌陀佛，把跳蚤放生。」

大姊夫家族全體。

我的大姊已於一九八三年農曆四月初二去世，距她生於宣統三年（西元一九一一年），當時也是七十三歲的老太太了。我先被帶到一幢樓房，和大家見面，那是他們長子的新居，上下兩層有十多個房間，相當寬敞。

再去看姊夫的住處，仍是四十年前的草屋，而且家具都極陳舊簡陋。我問姊夫：「怎麼不搬進你大兒子家裡去住？」

他輕輕嘆了一口氣，眼淚汪汪地說：「兒子有五個啦，搬到哪一家去呢？他們沒有想到，我也不想開口，老人住老屋，已經習慣了。」

探視了附近幾個外甥及外甥女的家

庭，我便去大姊的墓地誦經。臨時，既未燒紙箔也未燃香燭，這倒與唯物論者的大陸信仰不謀而合，年輕小輩固不覺得有何不對，幾位老兄弟和大姊夫，則頗感到準備不周而若有所失。

使我感到意外的是，大姊夫竟能跟著背誦《心經》，而且略知佛教教理。大概他是我親屬之中念佛最早的人了。

大甥女因我的回去，也向我的隨行弟子，請教了如何信佛念佛的方法及步驟。

在大姊墓前，誦經念佛之後，便給外甥們做了簡短的開示：「我這趟回來，主要是為探視健在的親人，不是專為給你們的亡母誦經。你們也當建立一種觀念：為人子女者，固然要慎終追遠，最重要的則是趁父母健在之時，給予恭敬孝養。如今你們的母親已去，而如風中殘燭的老父猶在。」這種提倡人倫道德的言論，對他們究竟能起多大的作用？是正是反？我就無法知道了。

傍晚，回到市區。為了第二天要到江南父母的墳地去掃墓，三位哥哥及大姊夫，同宿天南賓館。從小海鎮至南通市區的路上，由大姊夫同車，介紹沿途的風景，並且告訴了我父母的生歿日期：

（一）我父張公選才，生於清德宗光緒己丑年（西元一八八九年）農曆九月十一日，歿於一九六九年農曆六月二十三日。

（二）我母張門陳氏，生於清德宗光緒戊子年（西元一八八八年）農曆十一月初九日，歿於民國戊子年（西元一九四八年）農曆十一月初十日。

我在《歸程》第五章，記著我母親過世是在農曆九月上旬，與這回聽到的相差兩個月，那是離開大陸十年後的追憶，這回是親耳聽聞大姊夫的口述，我相信大姊夫不會記錯，因為他說，每逢先父先母的忌日，迄今還會設供祭祀。

三八、我的知心話

四月二十四日，星期日。

早餐之前，我們五個老兄弟，聚集在我房間，大哥又問：「下次多久再回來？」

我說：「我是出了家的人，出家無家，處處是家，你們仍然是我的同胞兄弟及嫡親的姊夫，但我不是俗人，縱然近在貼鄰，也不可能常回俗家。」

三哥接著首肯：「是的，你出家之後，就是在狼山、在上海的晨光，也很少回家。」

二哥也說：「我們老弟兄闊別四十年，尚能和你遠在天邊的小弟見面，已經非常滿足。這幾天跟著你在一起，知道你學問的成就和修行的功力，受到海內外佛教界的推崇，不僅感到我們張家的福氣，也是我們張氏一族的光榮。只是弄不清楚，昨天南通市長希望見你，你怎麼拒絕了呢？」

大姊夫卻代我回答：「小弟是出家的法師，塵世的官場中人，見了也沒意思。最遺憾的，倒是我們的爺（父親），和你的大姊，惦念你的生死安危數十年，直到嚥下最後一口氣，也未知道你的下落。」此時他又哭得語不成聲，頓了一會，才接下去說：「要是你早二十年回來，該有多好！要是今天他們還健在，該有多歡喜！」

大姊夫是因傷感而哭，也是為高興而哭，心情複雜，就是要放聲一哭。其他三位老哥，也有同感，也在相對飲泣。

歇了一會，我想這正好是用佛法向他們開導的機會了。我說：「我已一再聲明，我是出家人。若依佛法，我應心中無物，身無長財，縱有小成，也是因緣的和合，特別對於大陸的同胞，我是毫無貢獻，故也不是榮歸。這趟回來，純為探訪你們幾位親人，順便參觀了若干佛教的道場。至於官場中人，他們的目的在於政治，與我探親尋根無關，如果真的在二十年前我就回來，恐怕連你們也不敢見我。現在我有兩點知心話相告：一是請諸位老哥，勿再稱我在家時代的俗名，你們的小弟張志德，早在他十三歲那年，上了狼山出家之後，已經死去。直到十九歲離開大陸時為止，他是沙彌常進。從上海隨軍到了臺灣的十年之間，他是軍人張採薇。三十歲再度出家，以迄於今，他是比丘聖嚴。他已死過三次，經歷四世為人。今後請你們稱我聖嚴法師，否則，倒像是你們尚未准我出家，所以也不承認我的出家身分了。二是我這次回來，不僅為掃墓祭祖，而實是希望你們也能信佛、學佛、念佛，我們的壽命有限，最多一百歲左右，你們都已年老退休，正好利用晚年的時間，努力學佛念佛，求生佛國淨土，免得由於兒孫不孝，或由於政府的政策，死後無人做佛事超度，或者不許做佛事超度。我不說不再回來，也不能說何時再回來。佛說人命在呼吸間，何況我們都已老了。故勸諸位老哥珍重，我會每天為你們祈福。」

接著，教了他們念佛的方法，並且鼓勵了他們的信心。我雖未給他們說皈依，但他們已答允開始念佛了，同時也改口稱我「聖嚴法師」或「聖嚴弟」了。可以說，我這趟大陸探親之行沒有白費。

三九、張家港與黃泗浦

上午九點，我們連車帶人，搭乘長江渡輪，自北岸的南通港，開往南岸的十一圩港，這是長江江面最寬的一段，當天天氣晴朗，故在兩邊，均可隱約地看到對岸的一線景物。童年時代，我曾在這段江面上往返過很多次，江水依然如昔，江景則略有不同，昔年帆影點點，如今多係機船。長江的江水渾濁，但也非常鮮明，江南的風光明媚，就是長江的恩賜。

張家港市原名楊舍，現在已成為省轄市的區域地名。上岸之後，由蘇州西園寺的監院安上法師，帶我們先到該市市區的沙洲賓館。離十一圩港口車行二十分鐘，先經過四號橋，二哥下了車，說是從此步行二十分鐘便是樂餘鎮，他先回家預作準備。我們的車子再行三十分鐘，始抵市區。

昨晚，我的俗家所在地張家港市及扶桑鄉的兩級幹部，均間接給我通知，他們已準備好了四桌素菜，在我俗家為我接風，我說我為探親掃墓回來，一介平凡的沙門，不敢驚擾地方父老，還是讓我安安靜靜自由自在地回鄉看看罷。為此，我不打算在俗家用餐。

午後一點，從市區驅車往回走向我的俗家。半途中，車子突然停下，接待人員告訴我：「此處有一佛教遺跡，是唐僧鑑真東渡日本的出海口。」

下車後，只見道旁有一條已無舟楫通航的河流，河邊的農地上，闢出丈餘見方的綠地，豎著一個一公尺多高的石柱，以六根水泥樁及鐵鍊，將石柱圍在中間。柱中刻著「古黃泗浦」四個楷書大字，上下兩側各有一行小字。上側是「唐鑑真和尚第六次東渡啟航處」，下側是「鑑真和尚逝世一千二百年紀念委員會立」，並署有「一九六三年」的年代。石柱右側靠河的一邊，立有一方說明的牌子，題為「古黃泗浦遺址簡解」，其內容如下：「唐天寶十二年（西

鑑真大師像。

元七五三年），揚州大明寺鑑真大和尚，應邀東渡日本國，傳授弘（宜為「佛」字）法，第六次在黃泗浦啟航，於次年（日本天平勝寶六年，西元七五四年），抵達日本首都平城京（今奈良），終於實現弘願。西元一九六三年，為紀念這位中日文化交流的先驅——鑑真和尚逝世一千二百週年，全國紀念委員會在黃泗浦舊址，公布為縣級文物保護單位。」

鑑真大和尚（西元六八八—七六三年）雖在《宋高僧傳》、《佛祖統紀》、《佛祖歷代通載》、《神僧傳》等史傳中有些資料，但不充分，故在中國佛教史上也少受人注目，倒是日本存有較多的文獻談到鑑真和尚，故在日本佛教史上，他有

鑑真大師東征日本啟航處。

著崇高的地位。他是日本佛教「奈良六宗」之一，律宗的開祖。

根據他的隨行弟子思托所撰《大唐傳戒師僧名記大和尚鑑真傳》所述，他是揚州人，十四歲出家於本地大雲寺，十八歲親近律宗大德道岸，受菩薩戒，二年後單身至長安，於實際寺就弘景和尚受比丘戒。嗣後的五年間，往來於洛陽及長安，鑽研三藏而尤精於律，受教於道宣律師的再傳弟子大亮、遠智、義威、全修等人。回到江淮之間，漸漸地成為一方化主，唐玄宗開元二十一年（西元七三三年），義威寂後，鑑真便被仰為當時唯一的授戒大師，年僅四十六歲。

唐玄宗天寶二年（西元七四三年），鑑真住於揚州大明寺，弘揚戒律，集天下聲望於一身，即有為了尋找明律授戒之師而來華留學的日本僧榮叡及普照二人來訪，並求師東渡日本。因此而使鑑真大師開始了東征的旅途，先後歷十一年，經五次失敗，或被官方發覺阻留不放，或在海中遇風船破物散，或漂流至海南島，再由廣西、廣東回到揚州。在整個赴日行程中，他的隨行人員，總計有三十六位比丘先後死亡，道俗二百多人中途退出，日本留學僧榮叡，也在第五次旅途中病死梧州，鑑真大師本人則在韶州因患瘴眼，被一個外國庸醫醫治成雙目失明。

直到唐玄宗天寶十二年十月，始自揚州出發，乘船至蘇州，登上日本遣唐副史吉

建於日本的鑑真和尚道場——唐招提寺。

唐招提寺額。

備真備的座船，避過了檢查，偷渡出境成功，啟航處便是黃泗浦。

鑑真大師到了日本，受到聖武天皇的禮敬，駐錫東大寺，建立戒壇，登壇求受菩薩戒者，聖武天皇為第一人，依次是皇后、皇太子等計四百四十餘人。五年後住於他自建的唐招提寺。此兩座古寺，迄今已整修過不知多少回，但其當年的經像法物，依舊保存完整，唐招提寺的藥師佛、千手觀音、盧舍那佛、釋迦佛、梵天王、帝釋天、四天王等木雕像，已是日本的國寶。而揚州的大明寺，今日何在？一九六三年，日本佛教界為紀念鑑真大師示寂一千二百週年，曾隆重慶祝，並為之組團到中國大陸尋根。當時大陸雖尚未搞文革，毛澤東已經不要宗教，為了討好日本，期待著日本的外交承認，故在黃泗浦建立石柱，聊表意思。

四〇、回到老家掃祖墓

下午二點半，到達我童年生活的老家。先經過樂餘鎮的左側和西門口，鎮口的城牆及城門，已被拆除，童年通學每日必走的道路，已被密集的房屋堵塞，沿路的一條內港水路，也被改向北移，記憶中的地形地物，幾乎一樣也找不到了。從樂餘鎮到扶桑鄉，原來都是高堤闊岸的諸圩相連，現在則已不見「圩」的風貌。昔年築堤為圩，乃是將漲出的沙灘，逐塊用土堤圍起，阻擋江水之氾濫成災，我在《歸程》第一章中，就曾介紹了那種毀滅性的水災。也許現在的長江，已經不再為患了，所以這塊從江邊登陸的常陰沙，初改稱沙洲，現隸屬張家港市，將河流改道，把堤岸剷平，看來與華北及江北的大平原相似，致使我到了老家附近，還不知道身在何處。

讓我度過童年生活的三間草屋，已在一九五四年遭到回祿，那個老宅的屋基，則有新來的人家，起了一棟小屋。我祖父母及父母的祖塋，便在這棟小屋的左背後。那是我全家曾經耕種了數十年的一塊地，在小岸的岸身。

我一下車，便先到墓前，此墓在文革前後，已經深埋地下，地面曾經剷平，用作一般耕地，當他們知道我還健在人間，便由二哥及大姪他們，向現在的耕作人家情商，又堆起一個土包，四周植了一圈常綠的扁柏，且用水泥製成一塊墓碑，上面刻畫著五個名字：

張希凡　張蔣氏
張選才　張陳氏　之墓
蔡女囡

墓碑上既無稱謂，也無日期。張希

在祖墓前。

凡及張蔣氏，是我祖父母，張選才及張陳氏是父母，蔡女囡是我第一個二嫂。本來我不知祖父母名字，這次回鄉，總算免做數典忘祖之人了。我問：「這是共計三代五人合塋的墳墓，墓中是他們的骨罈嗎？」

二哥回答：「五人的骨罈，是我們親手埋的，不過墓址可能略有偏差，因為這裡的範圍很小，最多也只偏差數尺而已。當年為了便於記憶其位置，還在近旁的溝邊種了一棵小樹，你看，那棵樹已長大了。」

近世以來，有關挖墳掘墓的故事，我們已聽得很多，我的父祖，何其幸運，他們的墓，只是被剷平，而未掘棄。

掃墓用品是我交待大姪裕生準備的，僅約兩公尺方圓的墓地，已整修一新，墓上及墓前，擺著四隻大花圈，一對大花瓶。花雖都是紙製，看來也很富麗，臨時用竹筷削成兩支燭籤，朝地面一插，燃上一對兩斤重的紅燭及一把定香，地上架兩塊木板，加鋪一方床單，供起四品水果，和十四盤素點，未用一項葷腥，也未燒一片紙箔，鄉間的鄰里，趕來看熱鬧的人上百，見到如此的掃墓，年輕者固覺得很新鮮，年長者也感到稀奇。

我領著族人，並教他們一同行三問訊禮，再合掌聽我誦經，跟我念佛，迴向之後，即向大家開示：「常言一子出家，九祖超生。我雖不是什麼高僧，但已出家修學數十年，恆以佛法自利利人，並將功德迴向給有恩於我的一切人和一切眾生。我自己雖無力量度人，佛法廣大無邊，能度一切眾生。所以我相信，我們的父母祖先，應該已經超生離苦，不再是陰間的鬼魂。何況我的出家，是父母同意的，所以我現在回來掃墓，也不覺得愧對父母。倒是對於你們幾位兄長及諸姪輩，既照顧了生前的父母，又照顧了父母身後的墳墓，我要在此表示由衷地感謝。今後依舊要偏勞諸位，請勿忘了於逢年過節及父母的忌日，到墓前或在家裡，點一炷香，供一碗飯，或供一品水果、一杯水，虔誠誦念『南無阿彌陀佛』，來為父母祈福，也是慎終追遠，飲水思源。」

聽完我的開示，大家都很歡喜。讀過我《歸程》的人，猜想我回故鄉為父母掃墓時，至少會觸景傷情，而淒然淚下。的確，我是真想抱住墓碑痛哭一場的，為人子而生不能養，死不能送，甚至連父母的忌日，到這次回鄉時才知道。釋迦世尊成道後，特至忉利天宮，為其母后摩耶夫人說法，又回王宮化度父親淨飯大王，父王逝世，釋尊親自舉棺。而我出家數十年，依然悠悠凡夫，既不能效法釋迦世尊的孝親度親，又未能如俗順俗孝養雙親，如今只見一堆黃土，不見父母蹤影，畢竟我是回鄉得太晚了！但是，我也相信，縱然我留大陸，縱然我未出家，處於那樣的時代和環境之中，亦不會比三位哥哥更加能夠盡孝。做父母的人，總是可憐的！既責自己的不孝，猶悲父母的不幸。豈不要柔腸寸斷，哀慟欲絕！

可是我是一位法師，這次回鄉探親，是盼望健在的親人，得到一些佛法的利益。如我抱著墓碑痛哭，還能以佛法教化誰呢？

四一、二哥家裡會鄉親

離開墓地二百公尺處，便是二哥的家，我父親於一九五四年至一九六九年去世為止的十五年間，即住於此，是一棟三間的草屋，這兒有我父親的遺像，有他睡過的床、坐過的凳、擺過食物的菜櫥，不是木製的便是竹編的。三哥指著壁角的一隻小竹櫥告訴我，那是四十四年前他和三嫂結婚時唯一的新添家具，他們搬去上海時，將之留給了父親，失火時竟被父親從火窟裡搶了出來。目前，我的二哥、二嫂，還是把它當作寶貝在用。其實竹器的家具，不可能成為古董，鄉間物質缺乏，縱然陳舊不堪，還是捨不得丟棄。

我在這個家裡，會見了二哥全家，二嫂及他們的三兒一女和媳婦女婿、內孫外孫，我的堂姊、堂嫂，我的童年玩伴，小學的同學，私塾的老師，昔年的老鄰居，還有介紹我去狼山出家的戴漢清已經過世，他的兒子也是新故，只剩下了他的太太和媳婦兩代寡婦。聽說我回鄉探親，不論有事無事，都從遠近各處趕到，加上不少附近鄰居，一時間竟將草屋內外，擠上一大堆人。

在家裡分組跟大家拍照之後，二哥帶我訪問了就近幾個家庭。見到我私塾老師盛育男的家，已重起過，比往年的老屋小了一半。

再去戴漢清的家，他兒子的靈位還在，破家具、舊木床、陳木櫃、長木凳，應該都是五十年前的東西，除了這些之外，他家什麼也沒有。

我的大姪張裕生有相當程度的「文化水平」，而且是一爿五金電器行的負責人。他的住家，也是一小棟草屋，我問他原因，他說：「目前以事業為重，住的房子以後再說。」二姪在上海做工廠，三姪在鄉下種田，並兼撐小木船，姪女嫁在附近農家，生活條件都不怎麼好。

二哥家中父親遺照。

張家港市是目前大陸的新興工業區，是全國少數堪稱富

走回俗家的舊宅。

俗家鄰居及飲用的河水。

裕的地方之一，在那附近百里之內，一路上也的確見到不少二層樓的新起民居。也許我的親人和鄰居，都有共同的業力，都還是一樣的貧窮。

特別是常陰沙的飲水問題極其嚴重，比如我童年時代的門前河溝，是通長江的活水，隨著潮汐漲落。我們在那河溝中，養魚蝦、種菱角、汲水煮飯煎茶、放鴨、淘米、洗菜、浣衣、沐浴、涮馬桶，水質還能保持相當的新鮮度，如今由於主要河流改道，村間的河溝漸漸變成死水，加上歷年來農藥及化肥的汙染，水色已呈墨綠，村民們依舊用它來煮飯煎茶、放鴨、淘米、洗菜、浣衣、沐浴、涮馬桶，只是水位太淺，已不見魚蝦。

我問：「為什麼不接自來水？為什麼不打井？」

我的大姪子說：「鄉村要接自來水，還早著呢！曾經化驗過，這兒的地下水，鈣離子成分太高，所以井水吃不得。」

看樣子他們距離趕上現代化的生活水準，的確尚遠，但他們已承受了現代化的科學汙染之害！

四二、重溫童年往事

這次的回鄉探親之行，也使我重溫了童年的生活情趣。我家曾飼過豬、養過羊、畜過鴨、餵過雞。我的責任是為這些家畜家禽，經常到河邊及田頭，刈割若干特定的草，做為牠們的飼料。有幾樣生長河畔的野草，春天來時，特別肥嫩，例如「馬蘭頭」，便是常見的一種，割回家來，捨不得飼豬餵羊，反而成為佐餐的佳餚。這次回鄉，二嫂還記得我愛吃這種野菜，準備了一包，要送給我帶回美國。

河溝邊上，到處可見嫩蔥似的蘆葦，欣欣向榮地迎接著和煦的陽光。這種風光，在臺灣、日本、美國，都見不到，華北地區也未發現，乃是江南的特色之一。當蘆葦抽長到一人多高，它的葉子正好可以採作包粽子的材料，那時恰逢端節來到。當時我家貧窮，端節之前就跟母親及二姊，採摘河邊的蘆葉，那種闊長、新嫩、肥厚的蘆葉，一片片地重疊成綑，有時用肩挑，有時用獨輪的手推木車，載運到鄰近的市集鹿苑，換幾文錢，買斤把鹽回家。南方人包粽子多用竹葉，絕對不及蘆葉那般清香。四十年後，又見蘆葦，不禁心癢，佇足河沿，看了又看。隨行的果道居士，見我這般喜愛蘆葦，立即摘了一片蘆葉，做成一艘小船，放進水裡，說：「師父，你也玩過這樣的玩具嗎？」其實我所想的，跟她不同，我在蘆葦叢裡所見童年往事，是母親正在斗笠下流汗的笑臉，我也看到了父親在河底挖泥時撿起了粗壯粉嫩的蘆根，我一邊啃著蘆根，一邊高興得直呼「好甜」。也使我想起達摩祖師以一葦渡江的故事。這種植物，一年一枯榮，生長在水邊，除了常年有水，所謂魚米之鄉的江南地區，不易生存。對於我家而言，它真是恩物，蘆葉可以包粽，蘆竿可製食器、可蓋屋頂、可編屋壁、可造糧屯、可做畚箕，蘆花可紮掃把。

小路旁、田埂邊，到處盛開紫色的蠶豆花，花不美，可是好香。小時候，母親下田忙耕作，我便坐在田埂上的蠶豆棚下，聞蠶豆花的香氣，聽它們的對話，它們是我最知心的朋友。

小堤岸兩側，我家屋前屋後的兩條河溝，給我留下的記憶最多：我坐著洗澡盆，在河中採菱角，也曾在河邊踩過水車，鋸過樹、種過桃。冬天破冰汲水，夏季跳河戲水。也曾有一次正在漲潮之時，失足跌進河裡，幸有三哥及時把我撈起。可是現在那兩條河溝，幾乎快要成為下水道了，窄、淺、汙染，除了蘆葦依舊，已不見當年的秀麗。

從華北到江南，處處的原野，不是種著油菜，便是長著小麥，油菜正值黃花怒放，小麥也到抽穗時節，整個大地，瀰漫在一片金黃與翠綠相間的景色之中。中國大陸的確很美，只是人民的生活仍有待提昇。

當晚住宿沙洲賓館。這是和我的俗家親屬們同住在一起的最後一晚，明天我要去鎮江，約定二十七日上午，在上海再見。

四三、車沒錯錢錯了

四月二十五日，星期一。

上午八點四十分，驅車從沙洲賓館出發，準備中午之前，到達鎮江市。可是車行不到一小時，即遇到交通事故，受阻達一小時。車禍的成因，是由於「拖拉機」跟大貨車爭道，造成連環撞車。所謂「拖拉機」，是一種農耕用的耕耘機引擎，拖著四個輪子的小拖車，本來應在農田使用，今日的中國大陸，則多用作小型運貨車，許多人籌集二、三千元人民幣，購進一輛拖拉機，便可做起個體戶的販賣、運輸等小本生意了。因為私有的個體戶，收入高於公營事業的薪水，所以從北到南的公路上，處處可見跟汽車爭道的拖拉機，影響交通的情況相當嚴重。其實，大陸上最多的一種車輛是腳踏車，不論市區或鄉村，凡是有人的地方，就有腳踏車與汽車爭道，也與人爭道。因此，我們的汽車駕駛，不止一次地抱怨：「拖拉機、腳踏車，真討厭！」後來，我便點醒他：「車子無靈也無心，怎會惹人討厭？」

爭。」

他發覺說錯了話，馬上做了糾正：「那些開車騎車的人討厭！」

我再點醒他：「他們為了爭取時間，多賺些錢，爭道趕路，也是公平的競爭。」

他有點急：「法師的意思，難道說汽車錯了。」

我說：「汽車也沒錯，可能是錢錯了。」

司機頗感困惑：「錢也是無靈無心，怎麼會錯？」

我說：「對了！這就是問題的所在。」

阻車的事故由警察處理完後，我們繼續前進。經過一處「樣板」農村，那位司機顯得很興奮地提醒另一位隨車的嚮導，要他別忘了告訴我們，這是江蘇全省最成功、最富裕的一個好例子。那位嚮導一連向我們介紹了十來分鐘，使我的隨行弟子聽來納悶，直率地表示，對這種介紹沒有興趣。

下午一點，抵達鎮江市的金山賓館。午餐後，金山江天寺的方丈慈舟法師、焦山定慧寺的方丈茗山法師，到賓館迎接，他們兩位都已是七十六歲的長老，勞動他們，真是罪過。

四四、金山江天寺

下午四點，自金山賓館赴金山寺。

金山是中國的名山古剎，但它只有六十公尺高，方圓五百二十公尺。它與焦山及北固山，並稱為「京口三山」，同是鎮江丹徒縣的佛教名勝。此山在歷史上，先後曾有：金山、浮玉山、澤心山、氐父山、伏牛山、龍游山、紫金山等七名。此山原在江中，四周環水，直到清穆宗同治十三年（西元一八七四年）四月二十一日翁文恭從鎮江到金山，尚有「晚棹小舟，再遊金山」之句（見翁氏《日記》十三・三十二頁），至清德宗光緒四年（西元一八七八年）的《丹徒縣志》，便說：「金山舊在江心，南面無沙，今漲沙連南岸，山南竟不通舟楫，水涸登山，可以徒步。」僅隔四年，便可於枯水之時，徒步去金山了。目前的金山，已被陸地包圍，汽車直駛山麓，舉步便入三門。

金山初建於東晉元帝時代（西元三一七──三二二年），又有說是初創於東晉明帝時代（西元三二三—三二五年），梁武帝天監四年（西元五〇五年）親臨該寺，召集十大高僧編成《水陸儀軌》，啟建「水陸大齋勝會」，《高僧傳》的編者僧祐律師，在會中宣讀文疏（見於《續金山志》卷下），當時稱為澤心寺。金山由此成名，金山的水陸法會，也成為中國佛教儀軌行法的一大特色。元代的成宗、武宗、仁宗、英宗，均曾命金山寺建水陸法會。有關《水陸儀軌》的內容及其演變，請參看拙著《律制生活》的〈論經懺佛事及其利弊得失〉一文。

金山不高而且面積也小，卻是一個能容百千僧眾，並受歷朝帝王重視、名士嚮往的叢林古剎，雖經十次以上的興廢，每每仍能仆後繼起，它的殿宇之多，亦為國內少見，民國三十七年（西元一九四八年）春，金山一場大火，便燒掉了大雄寶殿、藏經樓、留玉閣、七峰閣、玉鑒堂、雄跨堂、門梅軒、印月樓、至遊堂、永思堂、悟心堂、精法樓、祖堂樓、禪堂樓、韋馱殿、文殊閣、五觀堂、方丈室、庫房等二百幾十間，尚存慈壽塔、楞伽台、留雲亭、天王殿、觀音閣等幾處。大陸幾次修復，又遭文革破毀，迄今尚在陸續修建，大雄寶殿預計於今（一九八八）秋落成。

正由於殿宇建築，逐級向上，循著金山的階梯長廊，棟接檐摩，密密層層，丹輝碧映，由山麓至山巔，前後左右，布滿亭台樓閣。特別是聳立山頂的七級木造慈壽塔，極其壯麗。所以無論遠眺近觀，只見塔廟建築，不見山石，故自宋以來，就有「金山寺裹山，焦山山裹寺」之句。

金山，毫無問題，自始就是佛教道場，但於唐代曾一度撥給道教，被改為「龍遊觀」（明張萊《京口三山志》），宋徽宗政和四年（西元一一一四年），改為道教的「神霄玉清萬壽宮」（《金山志》）；元世祖至元二十七年（西元一二九〇年），中國基督教的前身也里可溫教，曾將金山寺收為其十字寺的下院（《至順鎮江志》）。

金山寺曾歷十多次大毀壞，有些是因天然災害，有些則係政治及宗教的人為法難，比如清文宗咸豐年間（西元一八五一——一八六一年）的太平天國軍隊炮轟金山，文化大革命的紅衛兵搗毀金山，均與天災無涉。

金山的早期住持是哪些高僧？史無記載，直到唐代宗大曆年間（西元七六六——七七九年），有一位習禪的靈坦禪師，來金山澤心寺時，已片瓦無存，只好住進原為巨蟒盤踞的山洞，他曾隨洛陽荷澤神會禪師（西元六六八——七六〇年）習禪，事見《宋高僧傳》。後來傳說唐宣宗大中年間（西元八四七——八五九年），丞相裴休送子出家，世稱「裴頭陀」，法名「法海」，先在廬山學禪，後到金山，寺已全

金山全景並慈壽塔。

毀，拾金建寺，不知所終（王存《九域志》）。這是唐代的故事，後來的民間小說《白蛇傳》，即依此而編出了法海和尚收降白蛇精的故事。目前金山尚有白龍洞及法海洞的遺跡。

依據《金山志》及其《續志》，自宋元迄明，查其住持僧的隸屬，幾乎各宗都有，自明代成祖永樂至宣宗宣德之間（西元一四〇三—一四三五年），始從南嶽下傳臨濟正宗第二十三代文海道瀾，直傳至民國時代的霜亭，為第四十五代，一脈相承，未有間斷。

其中最膾炙人口的，是北宋神宗元豐及哲宗元祐年間（西元一〇七八—一〇九三年）的佛印了元禪師與蘇東坡之間發生的種種趣談。南宋高宗於建炎二年（西元一一二八年）正月行幸揚州，召金山寺主克勤禪師入對，聞道大悅，賜號圜悟。克勤是大慧宗杲之師，他在金山重建古曉堂（禪堂），整頓清規，認真鍊眾。曾有一夜，堂內僧眾有佛智、佛海、徹庵、或庵、瞎石等十八人，同時大悟，因改古曉堂為「大徹堂」。目前重建的禪堂匾額，仍是「大徹堂」。

到了清代的穆宗同治、德宗光緒年間（西元一八六二—一九〇八年），寺中除禪堂，增設了念佛堂，禪淨雙修，以禪為主，迄於民初，金山寺還是大江南北的三大禪林之一，另外兩家是常州的天寧寺和揚州的高旻寺。禪和子們，對於金山的「放參」大包子最為懷念。

這次我到金山，參觀了全寺的建築，也詳細地參觀了禪堂。禪堂外的兩側柱上掛有「七尺棒頭開正眼，一聲喝下歇狂心」的對聯，可惜今日的金山久已不見棒喝的禪風。禪堂內的正面中央，供釋迦龕裝坐像，像後靠壁是維摩龕，門的右側是鐘板，懸於寫著「大眾慧命在汝一人，汝若不顧罪歸汝身」的慧命牌之上，慧命牌供於長方形的木案上，牌前供有香爐，香爐的兩側，一邊放著木魚，一邊擺著香

金山禪堂門口對聯。

板。木案的右側是維那位，左側是僧值位，依次向左是大眾師位。現在的禪堂只有坐位，沒有臥位。聽說現在僅有數位不堪勞作的老僧每月領取六十元人民幣的工資，專門到禪堂日坐幾炷香。我到之時，堂中卻一人也無。不過在金山禪堂，也看到了「竹篦子」這樣東西，約一公尺半長，三公分寬，一公分厚，這在禪堂是用來催香，而非打人，悅眾監香巡座時，在禪眾座前的地磚上，一邊走一邊輕輕敲動，策勵大眾勿昏沉。唯於和尚、班首、維那座前不可催香。

這回在大陸，見到北京廣濟寺、上海玉佛寺、金山江天寺的三個禪堂，布置格局都類似，只是禪堂的用途已非供給禪眾參禪打坐，而是兼作集眾、宿舍等用途。將來中國大陸能否再有人領導禪期，是否允許舉辦禪期？恐怕不是短時間內所能知道的事了。

同時，禪林「傳法」的事，四十年內亦無所聞。以往那種徒有形式的傳法，實不為法，乃是傳承寺主的位子，今後也當改革。

參觀之後因上廁所，經過他們的食堂，正值四十多位寺眾晚餐時間，他們是向廚房個別購買的，聽說十分便宜，以米粥為主食，副食則是蘿蔔乾與鹹菜乾。

臨別之時，慈舟法師送了我一冊他編於一九七八年的《金山名勝古蹟史略》，並且贈我們一袋素菜包和大饅頭。《金山史略》雖係打字油印，資料倒是不少，那是為了因應鎮江開放為旅遊重點而寫的。我從來未住過金山禪堂，這回吃的包子雖是金山所贈，但今日金山的禪堂，早已沒有「放參」的包子了。

晚上六點五十分回到金山賓館。

四五、焦山定慧寺

四月二十六日，星期二。

上午九點，茗山與慈舟兩位法師，又到賓館接我們。乘車至象山腳下，上渡船到焦山，參訪定慧寺。

焦山是「京口三山」之一，三山在三國六朝時代，以北固出名最早，其次是金山，再次為焦山。當時的三山，均在江中，距今一百年前，北固與金山，相繼登陸，便失去了靈秀飄逸的氣象，獨焦山仍在江中，成為中流砥柱，以致其名聲亦漸駕乎北固與金山之上。而在民國初年，焦山與隔岸的象山之間水流激湍，船隻到了寺前，可將纜繩繫於大門兩側的石獅腳上，如今由於焦山西側的江面，浮起了一大片沙灘，沙上蘆葦茂密，焦山門前也漲出了不到兩百公尺寬的一片沙灘，並已遍植樹木、綠蔭覆蓋。渡船對開的航程，已不足五百公尺，相信在數十年後，若無人為因素，焦山也會與象山相連而登上鎮江的陸地。

焦山定慧寺。

焦山大於南通的狼山，也高過它的芳鄰金山。焦山海拔一百五十五公尺，周圍二千公尺。焦山又名樵山、譙山、獅子山、浮玉山、雙峰山。北宋真宗祥符六年（西元一〇一三年）二月四日，因夢見焦光送丹癒疾，故賜詔敕，定名為焦山。焦光又名焦先，乃後漢末葉的隱士，隱於此山，壽至八十九，或謂百餘歲，有謂二百餘歲，最後則不知所終。

根據茗山法師為了配合旅遊而編的《焦山資料》所述，焦山於我國民政府撤離大陸之前，除了定慧寺是十方選賢的大寺院，全山尚有十幾家師徒相傳的小庵。當時的定慧寺，住有僧眾二百多人，茶房和長工幾十人。各小庵則每家三、四人或五、六人不等。定慧寺原藏有許多珍貴文物，各小庵亦均有幾件鎮山之寶。然經中日戰爭及文革的浩劫，已蕩然無存，未毀的也被沒入博物館了。一九六六年八月，由於文革毀寺逐僧，一度交由園林部門管理。一九七九年大陸為了運用宗教吸引海外僑胞，利用佛教名勝古蹟，發展旅遊事業，改變國際人士對於大陸的印象，故又找回僧眾，稱為「落實宗教政策」。目前住僧二十來人，多半是六十開外的老僧，僅少數幾位是剛從棲霞山佛學院畢業出來的青年比丘。茗山法師即兼任棲霞山的方丈。

焦山定慧寺，傳說創於東漢獻帝興平元年（西元一九四年），名為普濟庵，北宋名普濟禪院，元名焦山寺，清聖祖康熙四十二年（西元一七〇三年）改為定慧寺，並頒御題寺額。

大雄寶殿則由唐代玄奘三藏的弟子法寶初建，後唐枯木禪師重建。北宋哲宗元祐三年（西元一〇八八年），金山的佛印了元禪師，來住此院。至明英宗正統年間（西元一四三六——一四四九年），擴建了天王殿、藏經樓、千佛閣、海雲樓等殿宇近百間，規模壯麗，遂與金山齊名。明孝宗弘治年間（西元一四八八——一五〇五年），又加建了禪堂、齋堂、海雲亭、吸江亭、觀音閣等處。

茗山的《焦山資料》（手稿影印本）中，敘述民國二十三年（西元一九三四年）時的焦山定慧寺全部殿宇是這樣的：「三門上有『勅賜焦山定慧禪寺』豎額，門口兩旁各有一座石獅。門內迎壁嵌有『海不揚波』四大字。天王殿進去，經大丹墀，到大雄寶殿，殿後登石階，上有曬經台、藏經樓，樓下是念佛堂，堂後有監值寮、廁所。東邊前面有雲水堂、伽藍殿、進而齋堂樓上下、大寮、柴伙房、海雲堂、碾坊、稻倉、地藏殿、瓦木寮、浴室、理髮室等處。西邊祖堂、客堂後，煉丹井旁有圍牆，牆上有『中流砥柱』四大字，牆中有圓門、進內有鶴壽堂、懷西軒、法堂、方丈、御書樓、石骨堂、枯木堂、衣缽寮、庫房、枕江閣、華嚴閣等處。房屋約有二百餘間。」

這次我去焦山參觀時，以上所敘的殿宇，大致都還完整，我在大殿禮佛，繞過尚在工程中的四天王殿，進了法堂和方丈，並在華嚴閣過午。現在的華嚴閣是貴賓接待室，也是素菜部，在那裡吃到了江蘇的好幾樣土菜，例如蘆蒿、三葉菜、馬蘭頭、青蠶豆等。

這次我到鎮江的目的，便是要上焦山參拜先師東初老人的祖庭。自民國二十四年（西元一九三五年）起，東初老人即至焦山，受智光長老的記莂（傳法）。

民國三十五年至三十七年（西元一九四六—一九四八年），曾繼其法兄雪煩之後，擔任定慧寺方丈兩年，先後十五年間，為焦山常住，竭智盡慮，貢獻良多。特別是為了保護寺產及徵收地租，常為佃戶所怨，又為官紳所嫉，故其於我國民政府撤離大陸之時，若不遷往海外的臺灣，準是活不了命的。這次我與茗山法師談起東初老人，他也認為東初老人雖非地主惡霸，但在清算鬥爭階段，佃戶們絕不會饒他過身。

先師東初老人時代的焦山定慧寺，據茗山的《焦山資料》所介紹

民國三十三年（西元一九四四年）焦山佛學院歷史鏡頭，前排右起：圓湛（教務主任）、白賓南、東初（副院長）、雪煩（院長）、見月（教導主任）、彭仁道、戴玉華、覺先。

的人事組織是這樣的：

寺內主要負責的稱住持，內部叫和尚，外部叫方丈，下設四大寮口：

（一）庫房：以監院當家為首，內設副寺二、三人，書記、庫頭三、四人，管理寺內總務、生產、生活、修建、添置等事。

（二）客堂：以頭單知客（大知客）為首，內設知客三、四人，糾察（僧值）一人，管理清規戒律，上殿過堂，內外佛事，及僧人掛單、進單、遣單等事。

（三）維那寮：以維那為

焦山定慧寺方丈及綱領執事。

首，內設悅眾五、六人，管理念佛堂內清眾學修、唱念、生活行動等事。

（四）衣缽寮：以大衣缽為首，內設衣缽、湯藥三、四人，管理財務出納、莊嚴、法器、供品用物、招待遊客等事。

在客堂領導下，又有行單執事：殿主、藏主、寮元、典座、香燈、司水、行堂、飯頭、菜頭、茶頭、大頭、碾頭、門頭、園頭等等。

上述四大寮口的職僧，為首者叫綱領執事，其餘叫執事。行單執事叫小執事。全部通稱四十八單執事。各寮口、各執事，都有規約，違犯規約者，視情節輕重，一般由客堂處理，重大事件，請示方丈決定。

大致上說，這樣的人事組織，是依據《百丈清規》演變而來，唯其各大寺院均有其不同的自然環境和歷史背景，故凡天下叢林，未必能在統一的體制下運作。何況焦山的法系，自唐至明，本屬臨濟宗，明代的定慧寺，曾制定由全山各小庵的當家師輪流擔任住持，三年一易；這與我出家的狼山情況相似，不過狼山是每年一換。到了清初，始由曹洞宗派下雲門圓澄第四傳的古樵智先，將定慧寺改為十方選賢，傳承曹洞法脈。至清穆宗同治七年（西元一八六八年），由芥航大須開始，提倡傳戒、弘揚念佛。迄今為止，焦山在法統上是傳承曹洞禪，實質上乃是弘揚戒律和淨土的道場，故今有念佛堂而未設禪堂。

根據蔣維喬編著《中國佛教史》卷四的介紹說，雲門圓澄的嗣法弟子有七人，其中的百丈明雪傳破闇淨燈，淨燈三主焦山法席，傳古樵智先，始改披剃子孫制為十方傳賢制。智先乃儀徵張氏子，年十一投焦山松寥閣出家，閱「無夢無想主人在什麼處」公案，疑甚，行坐不安，忽一日登山，失足跌倒，豁然大悟，後繼主法席，住焦山四十年，百廢具舉，四方禪僧，至者如歸。

現將智先以下，直到現在為止的焦山法系傳承抄列如下：

古樵智先—鑑堂德鏡—碩庵行載—敏修福毅—碧巖祥傑—
濟舟澄洮—澹寧清鏡—巨超清恆—秋屏覺燈—性源覺詮—
墨溪海蔭—月輝了禪—流長悟春—芥航大須—雲帆昌道

{仁壽、峯屏}　{德峻、卓然}　{吉堂、慧蓮}　{智光彌性、靜嚴}　{東初鐙朗、雪煩}

在焦山塔林預定地與茗山（右）、慈舟（左）二位方丈合影。

若據茗山法師的《焦山資料》，東初老人之下，再傳圓湛及茗山二人，為青原行思禪師下第四十八代。

東初老人有法兄雪煩、法子圓湛及茗山。大動亂中，雪煩與圓湛，先後易裝捨戒結婚，近年再返僧團，重新受戒，現比丘相。茗山則雖曾易服而始終護持戒體，故在一番變故之後，擔任兩大寺院的住持迄今。

午餐後茗山法師，雖以抱病老弱之身，仍然興致勃勃地陪我登山，參觀了供有焦光塑像的三詔洞，歷代名家留書刻碑的碑林，浮玉岩的摩崖石刻，壯觀亭、觀音閣遺址等。碑林中最最珍貴的是《瘞鶴銘碑》，從六朝至今，已有一千五百年的

東初老人舍利迎奉典禮。

歷史，歷代名士對之都有很高的評價，如宋之黃庭堅說：「《瘞鶴銘》者，大字之祖也。」清之翁方綱認為《瘞鶴銘》已將「六朝諸家之神氣，悉舉而淹貫之」。據學者研判，這是出於梁代陶弘景的手跡。觀音閣原係一家小庵，為太平天國羅大綱所率的長毛軍隊焚毀，現在是一片竹園；茗山法師準備在此建一塔林，用石材為歷代焦山住持各造一座紀念塔或舍利塔在此。當然也包括圓寂在臺灣的兩代住持，智光老人及東初老人在內。

這次返鄉探親的另一主要目的，便是把剃度恩師東初老人的舍利，分出一部分恭送到焦山，並為其建塔供奉，做為永久紀念。當我到達焦山之時，定慧寺方丈茗山法師，已委請工程人員，繪就舍利塔的藍圖，以上等花崗岩石材建造，塔高兩公尺五十六公分，塔基一公尺四十一公分見方，並以大理石鐫刻塔額及碑文傳略，鑲於塔身前後，預定於明（一九八九）年四月竣工。本來，東老人在其遺言中，有過明確的交代，囑我們將其骨灰，和麵成團，拋入大海，結水族緣，建塔不是他老人家的遺願，乃是我們追念感恩的一種表示。茗山法師為了迎接東老人的舍利，特設靈堂，備了盛供，由二十多位僧眾，以隆禮恭迎，虔誠上供。成了焦山的一大喜慶。

下午四點，辭別焦山，慈舟法師一直把我們送到鎮江火車站，等我們的列車於下午五點正滑出車站的月台，他才回去。

這是我在大陸探親旅途中，第三次乘火車。第一次是由北京至洛陽，乘的「硬臥」；第二次是由洛陽至西安，乘坐「軟臥」車；第三次是從鎮江往上海，乘坐「軟席」。我在前面已說過，除了海外的僑胞、臺胞、外賓，僅高級幹部及教授有乘坐的特權。既是特權，票價就不會太貴，四個多小時的車程，僅人民幣四元五角。不過，服務的品質也不怎樣好，連喝水的茶杯都不提供。除了「軟臥」的床單及毯子尚算乾淨之外，「硬臥」及「軟席」，都很骯髒凌亂。

晚間十點，回到上海玉佛寺賓館。

四六、把我送過了陰陽界

四月二十七日，星期三。

這是我在大陸探親的最後一個上午。昨晚抵上海時雖已九點多，我的二哥及三哥，也到車站迎接。今天一早，大哥全家，又從浦東的高橋趕到玉佛寺，三哥全家都住在上海，故比大哥來得還早。我也一大早忙著整理這幾天中拍的照片，準備分贈俗家親人。我還沒有忙完，房間裡已擠滿了人。

三哥的長男張家生，算是有心人，當我把照片分贈他們時，他卻向我呈上一冊精美的「影集」，扉頁寫著：「贈給聖嚴師父留念」。下面簽著他們姊姊和弟兄的名字：「姪女張洪芬，姪兒張家生、張雲忠、張雲飛、張平、張雲峰」，另一行是「一九八八年四月二十七日於上海」，最後寫上「南無阿彌陀佛」六字。

為了我的回鄉，張家生向他的工作部門請了幾天假，從我在上海下飛機，直到上飛機離開大陸那天為止，他都背著一架照相機跟著攝影。送我這冊「影集」，的確是很好的紀念品，同時也把他們的名字告訴了我，因為三房哥哥、一房大姊，兒孫太多，僅僅見幾次面，哪能記住他們的名字。最使我高興的是在幾天之中，他們已從稱我「爺叔」或「小伯」而學會稱呼「聖嚴師父」了，並且也會記著要寫上一句「南無阿彌陀佛」送給我了。

接著大家一齊到玉佛寺的素菜部進餐，然後一同上車向虹橋機場出發。

中國人有「倦鳥知返」及「落葉歸根」的成語。我這隻笨鳥，在海外亂闖瞎飛了四十年，返回故土時，故鄉的泥土依然芳香，故國的山河處處壯麗，卻已不見生我育我的舊巢，加上我乃從小出家，早已沒有眷戀老巢的情執，所以雖已是垂老，還沒有要將這把骨頭送回老家的想法。這次大陸探親之行，與其說「歸根」，毋寧說是回到我血緣的源頭及法緣的源頭，做一次巡禮式的尋根訪問。

如果說我和我的俗家親人都是鳥，我能遠走高飛，他們卻不能。我不忍說他們是一群關在籠中的鳥，因我自己也不是一隻已在籠外的鳥，再怎麼高飛，也無法脫離這個地球世界，縱在地球世界，也還有許多身心和環境給予的杻械枷鎖。

我辦妥了離境手續，向他們一一辭別，走出檢查口時，發現我的兄嫂們，又在眼眶濕濕地飲泣，一邊頻頻揮手，一邊喃喃地喊我。好像把我送過了陰陽界，從此又不知何時再相見！人生苦事，實莫過於生離與死別。可是，長相廝守在一起的人，也不見得永遠快樂。

寰遊自傳 02

法源血源

Spring of Dharma, Source of Life

著者	聖嚴法師
出版	法鼓文化
總審訂	釋果毅
總監	釋果賢
總編輯	陳重光
編輯	李金瑛、李書儀
封面設計	邱淑芳
內頁美編	胡琡珮
地址	臺北市北投區公館路186號5樓
電話	(02)2893-4646
傳真	(02)2896-0731
網址	http://www.ddc.com.tw
E-mail	market@ddc.com.tw
讀者服務專線	(02)2896-1600
初版一刷	1993年11月
三版一刷	2019年1月
建議售價	新臺幣180元
郵撥帳號	50013371
戶名	財團法人法鼓山文教基金會—法鼓文化
北美經銷處	紐約東初禪寺 Chan Meditation Center (New York, USA) Tel: (718)592-6593 Fax: (718)592-0717

法鼓文化

國家圖書館出版品預行編目資料

法源血源 / 聖嚴法師著. -- 三版. -- 臺北市 :
法鼓文化, 2019. 01
面； 公分

ISBN 978-957-598-803-6 (平裝)

224.517 107020883